油气行业数字化转型

碳、资本和云

[美] 杰弗里·坎恩（Geoffrey Cann）
[美] 瑞安·坎恩（Ryan Cann） ◎著

杨海恩　张珈铭　韩兴刚　邱茂鑫　刘帅奇 ◎等译

石油工业出版社

内容提要

本书深入探讨了油气行业数字化转型的必要性、方法和影响。阐述了推动行业变革的力量，包括新冠疫情、资本市场压力和环保要求。分析了领先数字技术在油气领域的应用，以及由此衍生的新商业模式。探讨了数字化转型对行业人才的影响，强调了管理变革的重要性。通过多个案例研究，展示了不同类型企业的转型策略和成果。

本书旨在为油气行业领导者、专业人士、学生、企业家和相关供应商提供指导。

图书在版编目（CIP）数据

碳、资本和云 /（美）杰弗里·坎恩，（美）瑞安·坎恩著；杨海恩等译 . -- 北京：石油工业出版社，2024. 11. -- ISBN 978-7-5183-6920-1

Ⅰ . F407.22

中国国家版本馆 CIP 数据核字第 2024VQ3636 号

CARBON, CAPITAL, AND THE CLOUD: A Playbook for Digital Oil and Gas
By Geoffrey Cann and Ryan Cann
ISBN: 978-1-77458-223-7
Copyright © 2022 by Geoffrey Cann and Ryan Cann
All rights reserved.
Simplified Chinese edition Copyright © 2024 Petroleum Industry Press
The Simplified Chinese edition is published by arrangement with Transatlantic Literary Agency Inc., through The Grayhawk Agency Ltd.
No part of this book may be stored, reproduced or transmitted in any form or by any means, electronic or mechanical, including photocopying, recording, or by any information storage and retrieval system, without written permission from the copyright holder.

本简体中文版由作者授权出版，仅限在中华人民共和国境内（不包括香港特别行政区、澳门特别行政区和台湾地区）销售。版权所有，侵权必究。
北京市版权局著作权合同登记号：01-2023-5512

出版发行：石油工业出版社
（北京安定门外安华里 2 区 1 号　100011）
网　　址：www.petropub.com
编辑部：（010）64210387　图书营销中心：（010）64523633
经　　销：全国新华书店
印　　刷：北京中石油彩色印刷有限责任公司

2024 年 11 月第 1 版　2024 年 11 月第 1 次印刷
710×1000 毫米　开本：1/16　印张：14.25
字数：240 千字

定价：78.00 元
（如出现印装质量问题，我社图书营销中心负责调换）
版权所有，翻印必究

《碳、资本和云》编委会

组　　长：杨海恩　张珈铭

副组长：韩兴刚　邱茂鑫　刘帅奇

成　　员：（按姓氏笔画排序）

　　　　　方文凯　任义丽　安笑予　苏乾潇　李晓光

　　　　　张云颖　张华珍　焦　姣

序

当前，以"云大物移智"（云计算、大数据、物联网、移动互联网、人工智能）为代表的新一代信息技术，正在深刻改变着全球产业格局。油气行业作为国民经济的支柱产业之一，正处于数字化转型的关键时期，正在向以数字化、智能化为核心特征的第五次技术革命迈进。纵观国际油气巨头，他们在数字化、智能化等技术方面一直保持着先发优势。无论是上游勘探开发，还是中、下游炼化与销售，数字化解决方案的应用，已然成为降本增效的重要途径。

然而，我国油气行业的数字化进程在一定程度上仍显滞后。据统计，我国油气行业参与数字化生态的比例约40%，低于其他行业49%的平均水平。值得关注的是，现有的数字化创新多集中于下游炼化等产业。在当前技术框架下，油藏仍是一个难以揭示的"黑箱"。如何有效融合物联网、大数据、云计算与人工智能等前沿技术，深入解析地下油藏，提高边际油气资源的开发效率，是我国油气行业亟需攻克的重大挑战。

基于此，系统学习和借鉴国际油气行业数字化转型的先进经验，对于提升我国油气行业的数字化、智能化水平具有重要意义。不仅能够丰富科研管理人员的知识储备，增强企业数字化转型能力，还将推动我国油气行业整体竞争力的提升。鉴于此，中国石油勘探开发研究院、中国石油长庆油田公司、中国石油集团经济技术研究院与石油工业出版社秉持先进性、实用性和有效性的原则，组织精英力量，精选国际知名出版社和学者的最新著作进行引进翻译，编纂形成了这套《油气行业数字化转型》丛书。本丛书全面涵盖了国际油气行业数字化转型的前沿理论、最新认知和有效实践，是一套很具参考价值的学术性著作。

丛书的引进、翻译和出版过程中，各参与单位通力合作，在图书选题、组织协调、质量把控等方面发挥了重要作用。一批具有深厚学术造诣和丰富实践经验的专家学者参与了翻译和审校工作，力保丛书的学术质量和实用价值。

展望未来，数字化转型将成为推动我国油气行业高质量发展的关键驱动力。衷心希望这套丛书能够成为业内重要参考，为相关企业、科研机构和高等院校等提供智力支持，推动我国油气行业在数字化浪潮中抢占先机，助力实现跨越式发展。同时，结合我国油气资源禀赋特点和勘探开发难题，在消化吸收国际经验的基础上，积极开展原创性研究，为我国油气行业的数字化转型贡献中国智慧、提供中国方案。

中国科学院院士：

2024 年 11 月 18 日

译者前言

当今世界正经历前所未有的能源变革，我国油气行业面临着严峻挑战与难得机遇。长期致力于油气工程研究，译者深知数字化转型对我国油气行业乃至整个能源体系的战略意义。

翻译过程中，我们时刻牢记两点：一是忠实传达原作精髓，二是切合中国实际。本书不仅系统阐述了推动行业变革的各种力量，更全面介绍了数字技术在油气领域的创新应用。尤为珍贵的是，原著作者深入探讨了数字化背景下油气行业的新商业模式，这对我国企业具有重要启示。

在译介国际经验时，我们始终结合中国国情进行阐释。处理专业术语时，力求融合中国语境，确保行业同仁准确理解。考虑到"碳达峰、碳中和"等国家战略，我们特别强调了数字化转型与能源政策的紧密联系。

人才培养是行业发展的根本。对于人才与管理变革的相关章节，我们倾注了更多心血，希冀为我国油气行业人才战略提供新的思路。

翻译是桥梁，更是思考。通过这次工作，我们对国际油气行业数字化趋势有了更深刻认识，也更加明晰了中国油气行业在数字化转型中的机遇与挑战。

衷心期望本书能为我国油气行业同仁提供有益参考，助力我国能源事业在数字化浪潮中实现跨越式发展，为保障国家能源安全、实现可持续发展贡献智慧。

本书由杨海恩、张珈铭统稿，韩兴刚、邱茂鑫、刘帅奇等校正，共分为5章。引言由焦姣翻译，第1章由张华珍翻译，第2章由李晓光翻译，第3章由安笑予、方文凯翻译，第4章由苏乾潇、张云颖翻译，第5章由张珈铭、任义丽翻译。

由于译者水平有限，翻译时难免存在疏漏、不妥之处，恳请读者批评指正！

《碳、资本和云》一书获得的好评

能源转型时代，油气企业需要重新定义本企业在转型中的角色和责任，同时还需利用数字化转型来调整运营成本结构、人力资本生产力、环境监测、合规性及安全标准，以确保实现可持续发展。对于如何实现这一点，本书可提供所需要的指导和借鉴。《碳、资本和云》是一本油气行业数字化转型手册，可指导企业通过实现数字化以获得有影响力的变革。这是一本颇具启发性的读物，任何想要避免公司在数字化转型过程中落伍的高管读完此书后，都会感到大有裨益。因此，我强烈推荐这本书。

——Rob Fiorentino

加拿大新月点能源公司，执业工程师兼运营与环境健康安全副总裁

油气行业为了确保安全性和可靠性而选择避免或延缓数字化转型，但新冠肺炎疫情的爆发改变了这一想法。那么，数字化转型能否帮助企业实现文化变革，并在保持盈利的同时应对脱碳问题呢？为此，《碳、资本和云》通过列举油气行业全价值链中的实例来为我们解答这个问题。杰弗里·坎恩和瑞安·坎恩编写的这本书非常具有参考价值，我强烈推荐此书。温馨提示：访谈大纲部分可帮助企业高管提出合适的问题。

——Heather Christie-Burns

加拿大 Pembina Pipeline 公司管道输送部门副总裁

油气和能源企业追求宏大的愿景，即以客户为中心，通过创新提供安全、可靠和可持续的能源产品和服务。《碳、资本和云》可作为油气和能源企业的指导手册，简化企业向云能源企业转型的过程。

——Benjamin Beberness

德国 SAP 公司（全球能源行业领导者）

杰弗里一直在研究油气行业如何应对数字化转型过程中的各种挑战，他取得过成功，也经历过失败。在本书中，他再次巧妙地将数字化转型方面的有益信息整合到一起，可为企业和员工个体提供有益借鉴。

——David Smethurst

能源和技术行业高管、企业家、思想领袖

杰弗里·坎恩在他的这一最新著作中，讲述了如何重新定义能源，以及复杂的油气行业如何实现数字化。该书引人入胜！数字化变革的需求不仅仅是要在传统的人工操作流程中增加数字工具的应用，还需要重新构建基于数字核心的、以工程为主导的运营架构。本书是油气行业工程师、高管和从业人员的必读书目。所有能够预见能源行业将进行彻底重构的人，都不应错过本书。

——Nish Kotecha

Finboot 公司董事长

杰弗里·坎恩再一次带领读者走进了能源行业的数字化未来。为了避免在数字化转型过程中掉队，且在这一充满不确定性的旅程中发展壮大，世界各地的能源高管都需要将《碳、资本和云》列为必读书目。

——David Forsberg

Ascent 能源风险投资公司管理合伙人

对于专注于数字化转型和能源转型的油气或能源公司而言，《碳、资本和云》的出现恰逢其时。本书涵盖并再现了大型能源公司日常讨论的所有重要主题，行文通俗易懂且内容严谨，可帮助企业在能源转型的世界中加速走向未来。这是一本难得的好书，予以强烈推荐。

——Sungene Ryang

GS Beyond 公司执行董事兼首席执行官

杰弗里和瑞安的新书能够为油气公司在数字化转型的各个阶段提供有价值

的参考。书中详细阐述了各公司将面临的实际挑战以及成功把握这些机会的策略。对于能源公司高管和董事会成员来说，本书不可不读。

——Cameron Barrett

油田解决方案公司首席执行官

《碳、资本和云》不仅仅是《比特、字节和桶》一书的续篇，还揭示了能源转型、脱碳和数字化三要素的重大影响，并为油气行业领导者、管理者和投资者分析了发展趋势。作者描绘了能源行业数字化转型的路线图。在该模型中，石油需求达到顶峰，资本配置实现自动化，支撑油气行业日常决策的实时数据皆由传感器收集并通过机器算法解释分析。对油气行业高管来说，本书是一份生存指南，能够帮助他们制定战略，以便在下一波数字化浪潮中发展壮大。

——Eduardo Rodriguez

FlatStone Capital Advisors Inc. 总裁兼董事

人们需要真正了解的是，数字化未来全面来临之时，油气行业将会面临的巨大机遇。杰弗里·坎恩为读者剖析了这一点。经过充分研究，他以科学的方式阐述了如何利用数字化资产实现能源转型，以及为什么要利用数字化资产，这一见解是开创性的。他是该领域为数不多的思想领袖之一，我将继续在课堂上使用这本书。

——Ann Bluntzer

TCU能源研究所博士、副教授

我很幸运，能够在30多年油气行业生涯的一个重要转折点上，发现杰弗里·坎恩和他充满智慧且坦诚的观点。作为《比特、字节和桶》一书的后续之作，本书恰逢数字化转型终于开始在行业中占据主导地位之时，时机近乎完美。杰弗里·坎恩和瑞安·坎恩利用数十年的行业领导经验和实际应用案例，巧妙地通过研究实证来指导我们逐步跟上这一至关重要的议题。他们的思维模式灵活多变，会根据不确定性进行调整，同时条理清晰地指导我们该如何为每个人创造一个更可持续的未来。作为一名力图影响数字创新应用的顾问，我个人认为，本书收录的行业和技术术语表是宝贵的资源，可帮助读者跟上正在塑造能源转型的复杂态势。

——Randell Mcnair
数据库管理员、信息资产管理顾问

  油气行业对我们的日常生活至关重要，尽管如此，我们却很少考虑这个问题。现在，我们面临着向新能源转型以及尽快将所有现有产品进行脱碳的压力。这一行动的背后隐藏着一个不可否认的事实，即在未来几十年里，我们的世界将继续依赖化石燃料及其衍生产品。《碳、资本和云》构思周全、高度实用，并且直切重点。该书阐述了油气价值链上的公司如何通过加速采用数字创新来保障未来的发展。我特别喜欢书中用于证明论点的研究案例。本书非常值得购买。

——Paul Kurchina
SAP 社区倡导人士

谨将本书献给：

  Marjorie——感谢她的耐心和支持，让我们把一堆杂乱无章的博客文章变成了一本书。

  Meaghan——要感谢他的方面太多了，无法一一列举。

目录

绪论 ··· 1
    "数字化转型"的方式 ·· 2
    内容概览 ·· 4
    参考文献 ·· 5

1   变革的力量 ·· 6
    1.1   需求的不确定性 ·· 7
    1.2   数字化转型滞后 ·· 12
    1.3   环境、社会和治理（ESG）压力 ······························ 16
    1.4   新冠肺炎疫情 ·· 23
    1.5   数字化是未来发展的必然趋势 ································ 28
    1.6   要点梳理 ·· 33
    参考文献 ·· 34

2   数字化框架 ·· 37
    2.1   业务能力 ·· 38
    2.2   数字化核心 ·· 43
    2.3   数字化基础 ·· 44
    2.4   数字化成熟度 ·· 45
    2.5   数据 ·· 46
    2.6   工业物联网 ·· 47
    2.7   人工智能和机器学习 ·· 51

  2.8 自主性和机器人 ·················· 53
  2.9 云计算 ·························· 56
  2.10 区块链 ························· 58
  2.11 企业系统 ······················· 61
  2.12 关键结论 ······················· 67
  参考文献 ····························· 68
3 业务模式转型 ························· 70
  3.1 颠覆性的成功模式 ················· 70
  3.2 根深蒂固的传统观念 ················ 72
  3.3 新模式下的新规则 ················· 81
  3.4 关键结论 ······················ 103
  参考文献 ···························· 103
4 以人为本的变革 ······················· 106
  4.1 文化的力量 ···················· 107
  4.2 应对变革的阻力 ·················· 114
  4.3 学会信任数字化 ·················· 118
  4.4 数字化领导 ···················· 126
  4.5 帮助员工应对变革 ················ 132
  4.6 数字化应用的阶段划分 ·············· 135
  4.7 关键结论 ······················ 141
  参考文献 ···························· 141
5 数字化应用案例研究 ···················· 143
  5.1 设备供应商 ···················· 144
  5.2 上游企业 ······················ 148
  5.3 中游企业 ······················ 162
  5.4 下游企业 ······················ 166

  5.5 综合性油气公司 ·· 171

  5.6 EPC 服务 ·· 175

  5.7 关键实践 ·· 182

  5.8 关键结论 ·· 191

  参考文献 ·· 192

后记 ··· 193

致谢 ··· 196

附录 访谈大纲 ·· 197

术语表 ··· 200

绪 论

围绕数字化转型是否会影响油气行业发展的争论已经彻底结束。首先，资本市场的压力逐渐累积，行业也该做出回应了；其次，2020年的新冠肺炎疫情迫使油气行业对其业务模式进行一些数字化变革以求生存。这两个方面结合在一起，促使油气行业发生了跃进式的变革。一位业内高管称，由此产生的转型规模相当于在短短20个月内完成了20年的变革。

让我们从资本市场说起。一段时间以来，资本市场压力一直在持续增加。已在道琼斯指数中"占据霸主地位"近百年之久的埃克森美孚被淘汰出局，机构股东投票选出了三位持不同观点的董事进入董事会[1]。贝莱德等基金宣布，对油气行业的投资将取决于其在解决气候问题方面所采取的明确和负责任的行动[2]。挪威主权财富基金宣布从其投资组合中全面剥离化石燃料[3]。由于在脱碳方面进展过于迟缓，荷兰皇家壳牌公司在国内市场一场重要的诉讼案件中败诉[4]。北美的管道公司已经放弃了原本可以改善该大陆能源安全的项目[5]。国际能源署（IEA）的研究表明，与化石燃料相比，可再生能源目前在所有市场上均具有成本竞争力，如果要满足《巴黎协定》（The Paris Agreement）的限制条件，则必须停止所有化石燃料投资[6]。

新冠肺炎疫情迫使各方迅速做出反应。利用远程办公技术、居家办公等保持社交距离的措施得以迅速实施。管理人员重新设计了以前需要人们在现实社会进行紧密团队协作的纸质办公事务，加快了电子文件和工作流程的采用。甚至交易团队也被赶出专门建造的交易大厅，被打发回家在厨房、卧室和车库继续工作。边境口岸被关闭，使人们无法进行的日常差旅活动，如培训、会议、贸易展览、交易和研究等活动都被迅速重置于虚拟世界。原本进展缓慢的远程控制中心和数

碳、资本和云

字油田建设项目得以快速完成并投入运行。

油气公司纷纷报告了这一转变带来的惊人好处：一是实现了永久性的成本削减；二是劳动生产力保持在了正常水平，甚至在某些情况下还有所提升；三是一些资产（如房地产）突然变得过剩；四是排放水平正在得到改善，这是由于更高效的工作方式减少了驾车出行的必要性；五是并购仍在继续，尽管资金仍然紧张。

在这一时期，油气行业收到了许多重要反馈：

（1）即使在疫情期间，资本也没有重返该行业，各国政府比以往任何时期都更加坚定地推广替代能源系统。

（2）油气行业能够比预期更快地成功实施变革，虽然油气行业在决策时往往会过于谨慎。

（3）油气行业作为运营成本和资本支出最多的领域，在过去对数字化转型不屑一顾，但是现在也同样受益于数字化转型水平的提高。

（4）数字化转型在降低成本和提高生产力方面所带来的收益可能大大超出预期。

（5）数字化转型在促进业务改善和提高环境绩效方面都发挥着惊人的作用。

（6）一旦完成数字化转型的基础设施布局，即可实现新的商业模式。

那些懂得如何将这些见解纳入自身业务战略，并果断沿着数字化转型路线重新定位自身业务的公司，将成为最终获胜者。

▶ "数字化转型"的方式

在2020年新型冠状病毒肺炎（简称新冠肺炎）疫情爆发之前，我们就被问及何时才会编写这一史诗般变革故事的下一篇章。油气行业的专业人士已经意识到，数字化转型是油气行业的必然选择，一些公司已经走在了同行的前面。正如NaL Resources公司的财务和信息副总裁Cory Bergh所说："我们必须做一些之前从未计划过要做的事情，一些我们暂时能力所不逮的事情，而且我们要加速去做。"

目前整个油气行业已经接受了要进行"数字化转型"的原因，下个问题是如何能够更好、更快地实现数字化转型,并产生最大影响。

本书旨在回答以下问题:

(1)油气行业数字化转型的驱动力是什么?如何才能更好地利用它们?

(2)哪些数字技术已经展示出了对油气行业的助益?它们是如何被部署的?

(3)如何变革商业模式才能更好地利用数字化转型?

(4)油气行业专业人才如何更好地参与到数字化转型中来?

(5)油气企业如何成功实施数字化转型?

阅读本书之前,读者无须阅读另一本关于油气行业数字化转型的书(《比特、字节和桶》),虽然那本书可能真的很有帮助。

谁应该读这本书

本书的首要目标是帮助油气行业加速数字化转型。目前,我们严重依赖化石燃料,但能源转型正在加速推进。业界一致认为,数字化转型是降低成本、提高生产力和减少碳排放的重要途径之一。新冠肺炎疫情证明油气行业可以实现迅速改变,但问题是如何加快行动。

因为主要针对的是油气行业,开始编写本书之时就设定了以下目标:

(1)行业聚焦。技术领域非常复杂且不断变化发展,几乎所有的技术创新都能带来显著好处。那些正在开启新商业模式的企业需要更密切地跟踪。

(2)涵盖整个行业。油气行业范围广泛,包括陆上、海上、上游、中游、下游、炼化、储运和销售。数字创新对整个行业都有影响。

(3)指引领导者。那些负责推动数字化转型的人正在寻求具体策略、见解和可采取的行动。他们面临的最大挑战是如何帮助从未经历过能源转型和数字化转型的油气行业人员应对困惑、不确定和被抛弃感。

(4)语言通俗易懂。数字行业和油气行业都有各自的术语、缩略语和行业用语。为了确保沟通的有效性,对话需要打破晦涩难懂的专业模式,提供更有意义的洞见。即使如此,仍有必要使用一些行业术语。因此,为了便于理解,本书在最后随附了一个术语表。

鉴于此,本书的受众群体将包括:

(1)正在为公司不确定的未来做准备的油气行业领导者。

（2）希望在巨大变革中把握好自身职业生涯的行业专业人士。

（3）希望更好地了解不断变化行业情况的石油工程和地质学专业学生。

（4）希望利用新的商业理念实现行业颠覆性变革的企业家。

（5）在业务中与客户一起解决数字化问题的供应链公司（现场服务、硬件、技术产品）。

（6）希望进入该行业并寻求切入点的科技公司。

油气行业是一个非常巨大的产业，全球所有国家都受其影响。无论您感兴趣的是油气价值链上的哪个领域（上游、中游、下游），您都会发现本书很有用处。它侧重于行业中以资产为中心、企业对企业的部分。

▶ 内容概览

根据您关注和感兴趣的领域，您可能会发现某些章节比其他章节更有价值。以下按章节对内容做了简要概述，以便读者可以按需阅读。

第1章阐述了该行业面临的变革力量，包括新冠肺炎疫情爆发及其蔓延期间的持续影响，资本市场对提高弹性的需求，以及减少该行业对环境影响的压力。此外，本章内容还着眼于行业现状以及对油气行业未来的展望，应该会引起所有读者的兴趣。

第2章论述了领先的数字创新及其在油气行业的应用。那些试图了解该行业对数字创新接受程度的科技公司和企业家，会对本章特别感兴趣。

第3章讨论了油气行业新的商业模式，这些商业模式为打造更清洁、更安全的未来创造了新机会。所有读者应该都会觉得这一章鼓舞人心，因为这些新的商业模式有可能重塑整个行业。

第4章揭示了这些变化对从业者和未来人才的影响，因为数字化转型实际上是关于管理的变革。任何一个领导团队或帮助人们掌握数字化转型的人都会喜欢这一章。

第5章介绍了来自整个行业（设备供应商、上游、中游、下游、综合油气和服务）的9家投资推动变革的案例研究公司，并揭示了他们采用的策略和取得的成果。读完本章后，那些负责领导或推动行业数字化转型的人会在工作中找到灵感，并且本章收集的策略也非常有用。

阅读完本书后，读者将更好地了解油气行业为了取得成功而必须接受数字化转型，也将充分掌握领导者为加速转型而需部署的成功策略。

您可能已经注意到本书为两人合著，但为了简单起见，我们都是以第一人称的角度进行陈述。为了语言能够通俗易懂，书中所有事例都来自杰弗里在该行业工作的亲身经验。

参 考 文 献

［1］Pippa Stevens, "Exxon Mobil Replaced by a Software Stock after 92 Years in the Dow Is a 'Sign of the Times,'" CNBC, August 25, 2020, cnbc.com/2020/08/25/ exxon-mobil-replaced-by-a-software-stock-after-92-years-in-the-dow-is-a-sign- of-the-times.html; "ExxonMobil Announces Final Results in Election of Directors," ExxonMobil, June 21, 2021, corporate.exxonmobil.com: 443/News/Newsroom/News-releases/2021/0621_ExxonMobil-announces-final-results-in-election-of-directors.

［2］Alex Kimani, "BlackRock Is Turning Up the Heat on Oil Companies," OilPrice.com, January 27, 2021, oilprice.com/Energy/Energy-General/BlackRock-Is-Turning-Up-The-Heat-On-Oil-Companies.html.

［3］Lars Erik Taraldsen and Ott Ummelas, "Norway's Sovereign Wealth Fund Scrutinizes Its Oil Holdings," World Oil, February 4, 2021, worldoil.com/news/2021/2/4/norway-s-sovereign-wealth-fund-scrutinizes-its-oil-holdings.

［4］David Vetter, "'Monumental Victory': Shell Oil Ordered to Limit Emissions in Historic Climate Court Case," Forbes, May 26, 2021, forbes.com/sites/davidrvetter/2021/05/26/shell-oil-verdict-could-trigger-a-wave-of-climate-litigation-against-big-polluters.

［5］Joe Walsh, "Keystone XL Pipeline Project Abandoned after Biden Yanks Permits," Forbes, June 9, 2021, forbes.com/sites/joewalsh/2021/06/09/keystone-xl-pipeline-project-abandoned-after-biden-yanks-permits.

［6］IEA, "Renewables 2020: Analysis and Forecast to 2025" (Paris, 2020), iea.org/reports/renewables-2020.

1 变革的力量

> 有两大趋势正在影响我们的行业：一个是能源转型；另一个是数字化转型。从变革角度来看，我们所做的一切均与这两个战略驱动要素有关。
>
> ——John Pillay 博士
> 沃利公司转型高级副总裁

2019 年底，我以嘉宾的身份在一档播客节目中讨论了油气行业数字化转型的现状。油气行业当时似乎正马力全开，大举推广数字化转型。2017 年初，国际能源署（IEA）发表了一项重要研究，概述了"数字化转型"对油气行业未来发展的影响。同年举行的极具影响力的剑桥能源周（CERAWEEK）大会则宣布，对于油气行业，数字化转型势在必行，且刻不容缓。领先的数字企业已经开始主导资本市场。

受访者以隐喻的方式提出了一个问题：如果将数字化转型看作是油气行业的一场棒球比赛，那我们现在已经打到第几局了？

当时我非常乐观，给出的答案是我们刚打了前几局。比赛显然正在进行中，少数专注于油气行业的数字技术公司已经显现，并且取得了一定的成功。

但事后看来，我简直大错特错。这场比赛几乎可以说才刚开局。节目播出后的几周内，BP 公司发布了其最新供需预测，预计油气需求高峰即将到来。资本市场压力、环境和社会变化以及新冠肺炎疫情共同带动了整个行业的数字化投资。

其中一些投资同时在多个方面（环境和社会、成本、生产力、增长和资本优化）创造显著收益，从而加快了数字化转型的步伐。我把它们称为数字化"最佳击球点"。

现在，油气行业面临的问题不再是"是否应该进行数字化转型"，而是"如何加速实现数字化转型"。

1.1 需求的不确定性

正在重塑油气行业的重大变化是不断变换的需求走势。BP 公司在其 2020 年年度股东大会上发布声明，称石油需求即将达峰，并表示达峰来临的时间会比模型预测的早得多[1]。

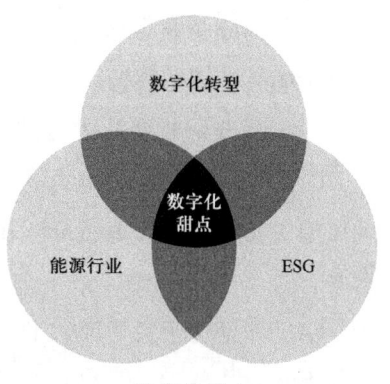

他们模拟了未来能源行业若干种可能的情景，结果表明，全球对石油的需求将保持平稳并逐步减少；这促使 BP 公司制定新的战略以减少其对石油业务的依赖。早在 2017 年的时候，壳牌公司就曾宣布过一项类似计划（重新配置资源以向新能源倾斜），但并未就需求达峰做出明确声明[2]。

大约 20 年前，BP 公司就曾用它的新向日葵标志和醒目的"超越石油"宣传语重塑自身品牌形象，但此举在战略上完全没有任何意义。这一次，BP 公司依然有步子迈得太大的风险。我们可能离需求达峰还很远，而世界也将很快可以恢复如常。以全球 12 亿辆内燃机汽车、3 亿辆重型卡车、5 万艘军用及商用船只，以及 3 万架飞机为基础的交通运输领域的石油需求，不可能在短时间内发生巨变[3]。

几乎所有产品（除了空气和水）的需求趋势均会呈现为一条近似 S 形的曲线，即产品需求在达到峰值后开始下降。但石油与 CD 播放器、翻盖手机或音箱制品不同，它已经深入我们生活的各个层面。

1.1.1 业内人士的应对措施

许多石油公司、油气行业供应商已经围绕 BP 公司的立场开展咨询研究，并动员董事会对此开会讨论。各方对此可能做出不同应对措施（通常都是不采取任何实际行动的计划）：

（1）部分企业在敲定用于应对其投资者、雇员和社群的声明之前，会刻意忽略 BP 公司。

碳、资本和云

（2）部分企业会认为这项研究只是"一家之言"，并强调分析中可能得出不同结论的所有棘手假设。

（3）部分企业会认为这些分析是为了满足 BP 公司的"一己私欲"。他们指出 BP 公司以往在气候和变革方面的多次行差踏错，包括 20 年前不合时宜的品牌重塑，在俄罗斯和墨西哥湾栽过的大跟头，以及新管理层对除旧布新的迫切需求等。

（4）部分企业会粉饰太平，认为油气行业稳定的结构性需求很难被改变且将经久不衰。

（5）部分企业会寄希望于当短暂的新闻热度过去后，这件事将被人们束之高阁，并最终消失不见。

（6）部分企业会因新冠肺炎疫情后的能源短缺而受到鼓舞，因为这表明需求将复苏，并且证明社会希望恢复正常运转。

（7）部分企业会止于观望，认为现在下定论还为时尚早。（当然，10 年前汽车业高管们也曾对特斯拉说过同样的话；各地的零售商亦忽略了亚马逊的威胁。）

但是不管他们持何种立场，至少整个油气行业已经提高了对即将到来的石油需求变动的警惕。虽然这种变动的影响和时机尚不明确，但是人们已对此做出了预测。

我经历过多次油气行业的周期性萧条，从中得出的共同经验是，低成本才是唯一的生存之道。第一次遇到萧条期是在 1985 年，当时我正在多伦多的一家石油公司上班。那时石油的需求量约为 4000 万桶 / 日，但供应量却达到约 6000 万桶 / 日，其中大部分来自中东。由于供大于求，石油市场开始崩盘，油价从 30 美元 / 桶一路暴跌至 10 美元 / 桶❶。

为了裁撤员工，油气公司启动了一项名为"职业变动帮助计划"或"C-CAP"的员工买断计划。美国的同事们病态般地称它为"斩腿计划（Kneecap）"或"斩首计划（Decap）"。当时我新婚不久，原本两周后就要被调到卡尔加里的上游公司工作，但是这次调动却最终被搁置下来。

---

❶ 1 桶 =158.98 升。

这种周期性萧条会在短时间内影响到行业内的每个人，整个油气市场也等了将近10年才迎来价格的复苏。得以幸存下来的油气公司，完全是因为它们果断采取行动降低自身成本和债务水平。

1.1.2 "跌跌不休"

石油市场的每一次周期性萧条都是史无前例的，并且各有特点。

例如，1973年的油价飙升在很大程度上是由于运输原油所需的油轮数量不足造成的（随着新船下水，运输成本最终大幅下降）；自2014年以来，加拿大油气行业一直饱受低油价的困扰，则是由于该国缺少油气管道导致的。历史上供给端或需求端受到的冲击鲜少由完全相同的原因造成。

尽管周期性萧条的原因和特征各有不同，但其造成的后果却是相似的。价格暴跌，企业大量倒闭和裁员，并且整个行业需要用若干年（通常是10年或更长时间）才能得以恢复。

我先后经历过2001年、2008年、2014年和2020年的油价暴跌。其中，造成2020年最近这次市场动荡的主要原因是供需两端的骤然变化。

1.1.3 供给端分歧

欲了解供应端变化，需要首先回到2008年。据BP公司称，从2008年到2018年，北美石油产量从1310万桶/日增长到2260万桶/日[4]。如此快速的增长可谓前所未有。在此期间，俄罗斯的总产量几乎没变（从1270万桶/日增长到1450万桶/日），而中东地区的产量涨幅也不明显（从2650万桶/日增长到3170万桶/日）。北美石油产量增长量超过了中东地区和俄罗斯的总和，并且主要流向亚洲市场（该地区的石油需求量在10年内从2600万桶/日增长到3600万桶/日）。

中东地区和俄罗斯的石油资源主要由国家石油公司控制，其生产成本和开发难度均较低。与之相比，美国页岩油成本相对高昂，生产技术复杂，并且高度依赖债务融资。如果美国石油之所以价格更高是因为其品质在某种程度上更为上乘，那么它从中东地区和俄罗斯手中抢占市场份额还说得过去，但事实却并非如此。

从 2020 年 2 月开始，新冠肺炎疫情对经济的破坏及其对石油需求的影响开始逐渐显现。中国既是全球最大的石油买家，也是最先发现新冠肺炎疫情的国家。因此，客户（中国）和供应商（欧佩克）也将率先看到封锁措施造成的影响。欧佩克希望进一步减产，但俄罗斯对此犹豫不决，而石油生产商们则决定向市场投放更多石油。

生产商的任何减产决定均是以最近销量为考量依据而做出的。因此，将减产影响降到最低的关键是最大限度地提高销量。过度供给是决策失误，还是将美国赶出市场的高明之举，其实无关紧要。事实上，2020 年 3—4 月期间，每天的石油供应量高出需求量 2000 万桶，造成库存增加 12 亿桶，从而导致储油设施近乎饱和。

此外，北美石油行业的日子也不轻松。由于资本市场对水力压裂的商业模式和企业巨额债务的怀疑情绪越来越高，水力压裂业务已陷入困境。鉴于高昂的运营成本，许多企业无法生存。

供应端唯一可以满足需求端的就是价格，而人们也已经看见了结果。石油价格在年内下跌了 85%，从 70.25 美元/桶一路狂跌至 9.12 美元/桶，而在特定条件下的某些市场上，石油期货价格甚至一度跌为负值。但这一跌幅还不是最惨的。2008 年，石油价格就曾从 139 美元/桶暴跌至 45 美元/桶[5]。

尽管如此，各个生产商所受到的打击程度并不相同。全球 85% 的储量控制在少数几个国家手中，并且这些国家高度依赖石油销售，对价格波动、碳排放压力、激进主义者和资本市场的反应相对迟缓[6]。他们眼下正在减产以度过难关，但长远来看，他们并不一定会改变依赖石油销售的路线。

1.1.4 管理余波

石油产品价格由边际桶（Marginal Barrel）决定。换言之，理论上，当除最后一桶石油以外的所有需求均由市场完全满足后，购买最后一桶石油的买家将付出略高的代价以获取该桶石油。这样一来，所有石油的价格均会有所提高。

同样，当市场供过于求时，价格也由边际桶决定。2014 年，美国页岩油增产导致市场出现 1%~2%（即每天 100 万~200 万桶）的供应过剩[7]。这部分过剩石油原本被轻松地储存在储油设施中，但随着储油设施达到饱和，没有客户的边际桶持有者只能以近乎"白送"的价格抛售石油，从而导致全球都陷入短期油价"跌跌不休"的局面。

2020年2月，受新冠肺炎疫情影响，这一幕再次上演，并造成严重后果。尽管疫情导致需求崩溃，但是当时的沙特阿拉伯和俄罗斯仍然决定向市场投放更多石油[8]。之后油价快速下跌，并且在特定条件下的某些市场上，油价一度跌为负值，且有的供应商甚至需要倒贴钱给客户来让他们提取石油[9]。

如果BP公司的预测大体上是正确的，那么全球正在以远超预期的速度迈向一个新世界，即结构性供过于求，但油价却由边际桶决定。

我们面临的问题是，产油国或地区既无法共同形成一个结构上管理有序的市场，又过度依赖石油这一最有利可图且已持续增长过百年（超长S曲线）的商品所带来的财富。人们不仅没有尝试根据需求管理供给的动力，而且现实中还存在许多因素阻碍人们这样做。

1.1.5 后果

世界既缺乏应对增长停滞乃至逐渐下滑的石油市场的经验，也毫无能源转型的管理经验（已于2021年底开始上演）。随着经济加速摆脱新冠肺炎疫情影响，油气价格开始快速反弹，结束了为期两年的能源基础设施低投资期。下文将列举后续可能出现的一些情况。

结构性优势将向低成本生产商倾斜，各地的低成本企业均能够在全球市场上找到生存空间，但欧佩克成员国可能不在此列，因其成员国高度依赖高油价以平衡其国家财政并为其社会保障计划买单。石油行业上游投资组合将迅速重置，从而引发一波交易和投资组合重塑潮，天然气行业的发展也将大致如此。

资本市场将在一定程度上把BP公司对能源行业的负面看法纳入他们对股票价值增长和未来股息的预期中，这将压低所有石油公司的股价。非国家石油公司，特别是那些缺少成本领先战略的石油公司，将更难获得增长和扩张所需的资本。

石油公司必须提高他们的项目质量。由于董事会需要保护股东的利益，因此只有最好的项目（即上市时间最快、投资成本最低、可靠性最高、运营成本最低、对环境影响最小、预期产量最高的项目）才会得到批准，而其他一切项目均将面临搁置或终止的风险。

现有生产设施除非有转变为低成本资产的合理计划和行动方案，否则将面临关闭、出售或到期的命运；而且，整个价值链上的所有盆地、油井和设施均在波及范围内。甚至加油站也需要走上转型或整合之路。全球各地的管理者将这一局面解读为油气行业正与成本和生产力"开战"。

随着投入资本总量的减少，以及其他方面的成本压力也在挤压利润空间，服务量与油价挂钩的油气行业传统供应商（工程公司、设备公司、咨询公司）不得不寻找新的收入来源。再加上受新冠肺炎疫情期间成功变革的激励，这将引发新一轮围绕油气行业的思考。

油气行业的从业人员将重新思考他们的职业选择。那些离开的人会觉得自己做出了正确决定。而留下的员工则认为耐心等待即可，但是，考虑到油气行业股票期权和养老金缺口，他们也需对退休基金进行多元化配置。

油气行业目前最大的挑战是人才输送渠道受到影响。家长、学校辅导员、社交媒体、青年活动家更加坚定地引导青年远离该行业。这一问题的后果将在短短5年内显现出来。领导者们需要加倍努力，为企业塑造一个更加积极的形象，以吸引和留住人才。

由于油气行业的收入经历了"双下降"（价格下降导致销量和特许权使用费双双下滑），食利国政府迫切需要从根本上重新思考他们的经济状况。税收下降意味着学校办学质量下降、医疗条件恶化，以及退休福利受到威胁。

油气进口国将重新关注绿色计划。对进口石油基础设施的投资愈发难以获得回报。

通过创新降低成本的企业将成为此轮市场大洗牌后的大赢家。新冠肺炎疫情期间，数字化已经向油气行业展示了其影响，而这正是接下来许多企业需要做的事情。

▶ 1.2 数字化转型滞后

对于正在资本市场上筹集资金的油气公司而言，一个绕不过的问题是：你的公司将如何应对数字化变革？这个问题显示资本市场不相信油气行业已经准备好接受数字化转型。

1.2.1　油气行业是否已经实现数字化

资本市场之所以关注数字化变革，是因为许多其他行业未能预见到数字创新的影响，且在面临威胁时推迟或避免采取行动。这种不作为致使资本市场信心丧失。亚马逊的兴起导致数千家线下商店被迫关闭；流媒体的崛起导致录像带出租店彻底告别历史舞台；脸书网（FACEBOOK）和谷歌对广告业务的大举抢占导致许多报纸停刊；无处不在的线上通信软件已经取代电信服务供应商和手机厂商成为市场主导者；甚至地图也正在被广泛使用的 GPS 所取代。数字创新已经导致一个又一个行业被迫转型。

油气行业专业人士急于宣布该行业已经实现高度"数字化"。在一些具体事实方面，这一结论确实并不夸张。例如，上游部门的数据非常密集，几十年来一直在收集和分析海量地震数据，大型石油公司所拥有的超大型数据中心和超级计算机可与政府设施相匹敌，油气行业一直以高于其他行业（其他能源行业除外）的水平对外出售其收集的地下数据，并且，油气行业几乎所有的基础设施均与 SCADA（数据采集与监视控制系统）相连。

1.2.2　油气行业不再对数字化转型持观望态度

目前基本所有大型油气公司均在采取措施推进数字化转型。很明显，油气公司的董事会和管理层已经意识到数字化转型的重要性。一些企业将数字原生代引入其董事会。所有的企业都建立了数字创新团队（如引导企业实施一系列小规模举措以寻找候选解决方案、启动某些试验或检验某些想法的小型团队）。一些企业甚至设立了投资基金，投资具有发展前景的新商业模式。

与其他领域相比，油气供应链（向该行业销售服务、物资和设备的数千家专业公司）的数字化程度相对较低。且油气行业的数字化进度始终无法与呈指数级增长的数字行业（能力每 18 个月翻一番）同步。油气行业的商业模式建立在稀缺数据、高成本存储、代价高昂的计算能力、数量有限的大型商业合作伙伴以及稳步变革的基础之上。但现实是整个行业正面临海量数据、无限存储空间、灵活的按需分析、大量精明的革命性初创企业以及快节奏变革的冲击。仅亚马逊一家数字公司就可以每年设计、测试和推出超过5000万次软件更新，而在相同时间范围内，一家油气公司可能只能推出数百次软件更新[10]。

若认为油气行业"已经实现数字化"即使不是完全错误，也属于一种误导。雷普索尔公司以客户为中心的技术优化部门（Customer Centric and Optimization Technology）的总监Tomas Malango曾说过："我们需要将数字能力变成我们的'第六感'，以提高我们的专业水平。"

1.2.3 认知问题

令人担忧的是，一些业内人士认为，将油气行业描述成数字领域的引领者是有益的。

这种说法会让下一代精英认为油气行业已经没有前景。这种做法并不明智！油气行业本来就已经面临来自社会的强大阻力，而其他行业为正在进行职业选择的年轻人提供了大量机会。油气行业应将自身定位为重工业领域的数字创新中心。

在缺乏强有力激励的情况下，资本市场参与油气行业投资的热情不高。目前全球各国已陆续采取多项措施，撤销或严格限制对化石燃料行业的资本投资[11]。油气行业亟需为自己树立新的形象，要告诉人们，油气行业不仅是技术的使用者，更是尖端技术的创造者。

油气行业亟需引起数字行业的关注，但"已经实现数字化"的描述会导致油气行业错失被关注的机会。由于数字技术正在影响所有行业（区别只在于影响的速度和程度），因此数字领域的企业家和初创企业有很多选择的机会。如果油气行业未释放明确的意向信号，那么这些企业家将会把注意力转向其他行业。

1.2.4 晚期采用者

有大量证据表明，油气行业是数字化转型浪潮中的晚期采用者。

瑞士洛桑国际管理发展学院（IMd）与思科合著的《数字旋涡》一书对12个行业进行了研究，以预测数字化转型的时机和影响[12]。研究结果表明，在数字化影响方面，油气行业排在第11位，仅位于制药业之前，并且远远落后于零售、银行、运输和技术行业。我在《比特、字节和桶》一书中得出过类似的结论。在这本书中，我专门对油气行业的各个细分行业（上游、中游、下游、服务行业）进行了研究[13]。国际能源署在其关于数字化对能源行业影响的研究中提出，油气行业的数字化转型速度相对缓慢[14]。

这个结论非常合理。因为，在新资产中融入数字化元素，远比将其添加到旧资产中更容易，也更经济，对重型钢铁资产尤其如此。而超过85%的油气资产，早在数字化兴起之前就已存在。

为运营中的资产添加数字智能元素的窗口期通常非常短暂——仅适用于常规的维护期间（最多仅持续几天）。海上平台的窗口期甚至更为短暂，特别在涉及硬件的情况下。

油气行业属于风险厌恶型行业。考虑到原油泄漏难以清理，天然气管道破裂会引起火灾，而且石油产品具有毒性，社会责任使得油气行业必须小心谨慎。油气行业采用最高的安全环保标准，且设备必须符合严格的工程标准，必须在严格的变更管理（MOC）流程下引入新设备（包括数字设备）。

从经济价值上来看，对油气行业而言，投资数字技术并没有太大意义。2014年下半年油价暴跌，油气市场持续低迷，削弱了行业的投资能力，而有限的资金往往被用于增储上产。由于常规油气盆地引入数字技术的时间并不长，投资新技术的合理性难以得到证实。管理者面临的挑战是，如何证明数字化投资将为企业带来回报。

油气行业的文化也不利于引入外部数字创新。该行业主要依赖行业内部人士设计和引入的解决方案，而这些业内人士通常只熟悉几十年前的传统技术架构和设计，已不适合在数字化蓬勃发展的开放环境下使用。受契约模式和许可结构所限，小企业将被拒之门外。因此，大型油气公司很难理解，如何与灵活的小型初创公司合作。

对于油气行业，数字化转型之路道阻且长。因此，对于年轻人和数字化专家，该行业仍然蕴含着巨大的潜力和发展机遇。

请直接忽略油气行业已成为数字化转型引领者的夸张信息。因为实际并非如此！

1.3　环境、社会和治理（ESG）压力

资本市场提出的第二个问题将围绕企业应对环境、社会和治理（ESG）压力的举措。

许多人好奇 ESG 究竟意味着什么。其理念是企业在决策过程中需要更多地考虑 ESG 因素，以衡量其所作选择可能带来的长期后果。

简而言之，环境因素包括企业对水、空气、土壤、土地、植物、动物、鱼类和海洋的影响。它们可以是影响自然整体平衡以及自然系统修复、复原、恢复以及更新能力的累积和绝对影响。社会因素可以包括对社区、原住民、城乡环境、弱势群体和发展中国家的影响。治理因素则包括决策的制定方式，以及纳入考虑的利益相关方（包括诸如劳工团体、原住民、社区、政治制度、监管机构和资本市场等因素）。同样，治理影响也可以是累积的，也可以是绝对的。

环境、社会和治理概念的提出，是因为长期以来，国家、企业和个人做出生产和消费决策时，通常会优先考虑短期目标（例如，拿下最低价格、最大程度满足股东需求、达成资本市场目标或满足监管机构要求），而不是满足更广泛、更长远的社会需求。

1.3.1　我们只有一个地球

显而易见，目前地球是我们唯一的家园。无论我们来自发达或者欠发达国家，也无论我们出身如何或年龄大小，我们的命运均与地球息息相关。保护地球是我们的共同责任，从动植物到沙漠海洋，从空气和水到农场和工厂，我们要对整个地球负责，而不是其中的某个部分。虽然我很感激那些热衷于在"高尔加弗林查姆（Golgafrincham）"上建立殖民地的亿万富翁，但事实是，没有其他星球可供人类移居[15]。地球是我们的家园，因为它是我们茁壮成长、汲取养分、抚育后代、庆祝成功和缅怀失败的地方。

因此，我们做出的决策应有助于维持地球的完整和长治久安。万事万物都会慢慢衰退，当屋顶开始漏雨时，我们可以更换它。但我们无法更换地球！所以，我们要做的是，防止地球衰退到无法再为我们提供栖身之所的地步。

但讽刺的是，从结构上看，对我们来说地球并不安全。从狂风暴雨、滚滚热

浪，到破坏性火灾，再到干旱、洪水、火山爆发、地震和海啸，我们随时可能遇到危险。尽管我们时常受到威胁，可我们在抵御这些危险方面做得非常好，并且我们变得更加长寿和健康。但是，我们正面临一些新的挑战（从气温升高和海平面上升，到水资源短缺，再到空气污染），而且这些威胁似乎完全是由人类自己造成的。事实上，我们正在破坏自己的家园，并危害自身的安全。

在找到真正的"高尔加弗林查姆"之前，我们必须确保脚下的地球永远不会消失。但对于那些按选举周期思考问题的政客来说，"永远"往往意味着以后再说。

1.3.2　与ESG的关系

在没有ESG条件制约的情况下，我们并没有将地球视为我们的唯一家园，也没有做出有助于地球维持完整、安全和可持续发展的决策。事实上，有大量证据表明，我们过去几十年的做法目光短浅、毫无远见。引用一位喜剧演员的话来说，如果地球是一辆汽车，我们驾驶它的方式就像在开偷来的车。

幸运的是，一些有远见的政府已经着手提高决策者对ESG因素的关注。丹麦已声明将停止开采北海的石油资源；欧盟公布了到2050年实现碳中和的愿望；中国也宣布了计划在2060年前实现碳中和的目标[16]。

此外，下一代人非常注重ESG。1982年至1994年间出生的千禧一代（指生于1982—2000年之间的人群），在科技的包围下长大，经历了"911"恐怖袭击、2008年经济危机、职业生涯起步推迟，以及住房和教育成本飙升等一系列社会事件。他们即将迈入储蓄高峰期，并且坚信自己投身的企业不应该仅仅是为了盈利，更要为解决环境和社会问题贡献一份薄力。

对于千禧一代，做出强有力ESG承诺的公司更有吸引力。2019年治理与当责研究所（G&A Institute）的调查结果显示，受访者中约有40%的千禧一代愿意降薪为更具有社会责任的企业工作，婴儿潮一代（指生于第二次世界大战后，1946—1964年之间的人群）仅有17%的人愿意接受这样的工作[17]。

1.3.3　资本市场与ESG

资本市场已经注意到这一趋势，并开始对油气行业施加压力，要求该行业宣布其在 ESG 方面的目标和愿景。公司如果没有明确其 ESG 目标和愿景，建设项目就无法获得保险支持，生产也无法获得资金投入。即使是加拿大的艾伯塔省，对油气行业监管力度最大的地方、加拿大最大的清洁技术投资者和无可争议的出口引擎，在吸引华尔街资本时，也必须满足 ESG 要求[18]。

作为了解资本市场对能源企业看法的一种途径，市场指数虽然并不完美（更多时候反映的是投资者的情绪，而不仅仅是 ESG 指标），但为衡量市场敏感性提供了重要指标。例如，2020 年加拿大 S&P/TSX 年度石油指数下跌了 26%，而清洁技术和可再生能源指数却上涨了 80%[19]。

油气行业面临的最大问题是，从根本上讲，油气是不可再生资源。不像森林或渔业等资源那样，被开采的油气资源难以自然（或快速）修复。油气田开发类似一种自毁式的商业模式。油气井每生产一桶油气，就减少一桶存量。油气公司通常采取规模化经营策略，在开采油气的同时会对环境造成很大的影响。鉴于以往的泄漏和排放"劣迹"，油气行业在环保方面可谓声名不佳。此外，油气行业的一些传统设计（如采用放空法消除气井井筒积液）也与 ESG 理念背道而驰。

如果您认为，资本转移只是油气公司需要面对的问题，那么不妨再参考一下这几个公司的股价：作为 ESG 与数字化理念结合的强产物，特斯拉股价在 2020 年上涨了 800%[20]；反观其他车企，通用汽车和福特的股价上涨了 50%，戴姆勒上涨了 20%，宝马和大众的股价维持不变[21]。

1.3.4　ESG 国际实践

在欧洲的引领下，许多国家和贸易集团纷纷开始实施各种 ESG 举措。欧盟委员会于 2019 年 12 月公布了应对气候变化、推动可持续发展的《欧洲绿色协议》，希望能够在 2050 年前实现欧洲地区"碳中和"[22]。该协议得到广泛支持，93% 的欧洲人认为气候变化是一个严重问题。

该协议展现了将在未来几年内演变为社会各界规范的变革。欧盟是一个庞大且有影响力的贸易集团，其监管规定常被国际企业默认为是行业标准。

《欧洲绿色协议》提出了 5 个变革目标：

（1）要求成员国加强推动应对气候变化和刺激投资相关立法，使之具有法律约束力；

(2）促进能源系统脱碳，提供清洁、安全且可负担得起的能源；

(3）鼓励建筑部门以高能效的方式进行建设和翻新；

(4）帮助欧洲企业成为全球绿色经济领导者；

(5）加快交通领域向可持续和智能化转变。

虽然该协议强调了需要制定政策以推动实现碳中和的关键领域，但化石燃料对人类生活至关重要，任何新政策均会对该行业产生溢出效应。预计欧盟成员国将会把整条供应链中的碳排放量（而不仅仅是欧洲境内的碳排放量）纳入考量，以免相关企业将其碳足迹转移到欧洲以外的国家或地区，从而违背政策的初衷。

壳牌和雷普索尔等欧洲石油巨头均已宣布了各自的减排目标[23]。

能源产品的生产和消费占欧盟碳排放量的75%，因此能源行业所承受的变革压力最大。预计未来工程行业对新能源基础设施的需求将急剧攀升。沃利公司数字化转型高级副总裁约翰·皮莱（John Pillay）博士表示，"能源转型是工业史上规模最大的一次资本重置"。

能源行业有望：

- 到2030年，在1990年基线水平上减少50%的温室气体（GHG）排放；到2050年实现碳中和；
- 接入电网以更好地利用可再生能源；
- 提高能源效率；
- 天然气行业进一步脱碳；
- 发展海上风电行业。

1.3.5 法律方面

虽然尚未敲定最终的法律细节，但立法者的意图已经非常明确，即欧盟成员国必须在2050年前实现"零碳"目标。各成员国需要以立法的形式，将有助于实现预期结果的"规则"付诸实践。例如，在实践中，新企业需要证明其活动不会对"零碳"目标产生负面影响，方可获得许可。国家在制定产业政策时，需要将碳中和作为一个关键考量因素。国有企业、国家资助机构和主权财富基金需要快速进行相应投资，以积极响应"零碳"号召。

以下是我对未来发展的一些预测。

1.3.5.1 公开碳足迹

企业需要在其通函中具体说明他们计划如何遵守相关规则。进口企业将接受审查，以证明其并非只是简单地将其高碳商业模式出口至欧盟法律管辖范围之外的其他国家和地区。

这意味着，向欧盟供应链销售商品和服务的企业（能源生产商、化工公司、汽车零部件、电子产品、食品等），均将面临公布自身碳排放量和减少自身碳足迹的压力。

1.3.5.2 不再进行化石燃料投资

欧洲将不再新建任何长生命周期的化石燃料绿地资产（绿地，仅作为设计或概念存在的资产或设施）。30年似乎是一个很长的时间概念，但对于通常以10年为单位进行规划的油气行业来说，这并不算什么。例如，建造一座新的液化天然气（LNG）出口工厂通常需要耗时5~7年，而这类设施的预期寿命则至少可以达到20年或更长。基于这一行业背景，董事会对基建投资非常谨慎。

环保主义者发现，只需下定决心拖上几年，就可以将新项目扼杀在摇篮中[24]。对于煤炭、石油和天然气资源的新投资，必须解决其潜在的资产搁浅风险。对于账面上那些无法快速上市的现有矿藏，企业则需要对其进行减记处理。

1.3.5.3 能源供应多元化

为了维持业务，化石能源企业必须在碳排放上具备与清洁能源企业（如太阳能和风能）竞争的能力，这意味着必须实现净零排放。现有化石能源企业（火电厂、燃气发电厂等）需要尽量减少其碳排放，停业整顿，改变经营范围（如可再生能源发电等），并投资相关减碳业务（如碳捕集与封存或植树提高碳汇能力）。企业必须制定并落实逐步转型的战略，否则将无法生存。

《欧洲绿色协议》以及许多其他类似协议的签订，并不意味着油气行业的终结。对塑料的需求仍然存在，而且部分运输燃料（航煤）目前尚无法被替代。但是，绿色变革已经悄然而至，并且正在获得法律加持。

1.3.5.4 行业实现可持续发展

《欧洲绿色协议》设定了发展真正循环经济的具体目标，其目的是解决整个工业生产对水资源的影响，工业生产普遍存在高碳排放问题，以及资源回收利用不足的弊端[25]。有害且无法重复使用、维修或回收的产品，最终将被排除在市场之外。企业必须为其做出的绿色声明提供相关证明。

该协议关注的重点行业包括钢铁、水泥、纺织、建筑、电子和塑料等行业，而油气行业又是钢铁和水泥的需求大户，也是建筑服务业的大客户，以及几乎所有塑料原料的提供者。同时，油气行业还是水资源的主要生产者和消费者（蒸汽加热、水力压裂、储层改造、钻井液等）。该协议将通过强制措施，力求到2030年，欧盟所有产品均使用可重复利用或可回收的包装物，从而对塑料原料需求施加下行压力。此外，共享经济（商品和服务租赁）这种新兴商业模式有望在所有行业（包括油气行业）中发挥作用。

在重点行业中，部分行业将会受到特殊影响，如水泥行业面临"双碳"目标压力：一方面，该行业需要消耗化石燃料为水泥制造提供能量；另一方面，水泥制造过程还会额外释放大量的温室气体。在"双碳"目标的压力下，未来市场上将会出现水泥产品的替代品。因此，油气行业需要与水泥行业保持同步，以便新的低碳水泥产品能够符合油气行业的设施标准。

发展塑料循环经济的驱动力将影响对塑料原料和可再生塑料的需求，生产制造业将被迫寻找更好的塑料回收再利用方式。受到这些未知因素的影响，对塑料原料的需求将变得更加不确定。

建筑业是变革速度较为迟缓的行业之一，但《欧洲绿色协议》为欧洲建筑业带头转型以实现绿色未来创造了必要条件[26]。未来，欧洲建筑业有望占据全球领先地位。

1.3.5.5　新运输解决方案

《欧洲绿色协议》的目标是到2050年，将交通领域的温室气体排放减少90%[27]。在交通运输排放总量中，公路运输排放量的占比为72%；航空和海洋运输的占比约为27%；铁路运输的占比约为1%。公路运输，特别是私人交通，正在发生重大变化。

有趣的是，虽然该协议并没有明确鼓励欧洲人少开车，但其中的部分提案确实希望实现这一目标。

《欧洲绿色协议》的部分减排建议包含以下几方面：

（1）出台更加严格的车辆排放标准。提高标准将促使汽车行业向电力传动系统转变（这种转变已经开始），使得消费者只能在电动汽车（EV）中进行选择。

（2）终止对运输燃料的补贴。提供燃料补贴会鼓励卡车运输，而非铁路和水路运输。据推测，尽管从欧洲主要城市的燃料零售价格中无法发现端倪，但一些市场仍然在为其民众提供燃料补贴。

（3）调整公路收费制度。低过路费会鼓励公路运输，欧盟希望通过提高过路费，推动铁路和水路贸易。另外，提高过路费还会增加私人公路旅行成本，使其超出铁路旅行成本，从而鼓励人们更多地使用公共交通。

（4）全面改造交通基础设施。预计未来需要增加100万个公共充电站，以大幅提高消费者购买电动车的意愿。因此，当下的燃料销售企业需要迅速做出反应，加强新能源汽车充换电、加氢等配套基础设施建设。

假设欧洲50%（这只是一个粗略的平均值）的炼油能力被用于生产运输燃料，《欧洲绿色协议》将会对炼厂基础设施产生严重影响，因为这将最终导致欧洲一半的炼厂供过于求。现在的问题是，每个炼厂都会有一半产品供过于求，因为通常会将石油炼制出三种产品：用于卡车的柴油、用于汽车的汽油以及用作航空的煤油。企业需要投入大量资金对炼油资产进行升级改造，以将这些不需要的产品转换成塑料或润滑剂原料（如果有市场的话）。

欧洲油气公司已经开始探索如何应对新的法律要求，那些不想放弃欧洲市场的企业也必须在积极响应协议号召和牺牲市场准入之间作出选择。

1.3.6 正确落实ESG

很难坚持执行ESG，尤其是在各项影响元素错综复杂的能源领域。在几年前受邀前往温哥华与5个本地代表会面时，我就已经对这一点心知肚明。

当时有人提议，在这些当地土著传统领地温哥华港扩建一个石油出口码头，而我恰好对这方面有些专业见解。

会上，各位代表先后上台做了简短的开场致辞。他们反复强调了对地球母亲的崇敬，对天然渔业的依赖以及他们作为土地管理者的角色，并强烈抨击该项目可能造成的污染、狩猎栖息地的丧失以及石油泄漏对鲑鱼的威胁等问题。

其中一位代表甚至表示，"我们绝不容许任何人在我们的神圣水域建造任何管道"。这里的"神圣水域"指的是温哥华港，该港口是加拿大规模最大、最多元化的港口之一，也是通往亚洲的门户。我探向旁边的律师低声问道："既然如此，我们为什么坐在这里？"

等到休息时，我终于知道了答案。每位代表都悄悄地找到我们，并向我们提出了一连串启发性的问题：

（1）管道项目能否为我们族的年轻人提供就业机会？
（2）该项目是否会创造建筑和运营方面的工作岗位？
（3）管道项目能赚钱吗？能赚多少钱？
（4）我们要怎样才能成为这个项目的所有者？
（5）我们如何协商参与该项目？
（6）新管道的审批流程怎么办？

他们谈到了在自己传统领地上出现的失业危机、药物滥用问题以及对摆脱贫困枷锁的渴望。他们已经意识到自己对石油的依赖，因为他们的雪地机械、电锯、渔船和取暖设备都需要石油，并且承认油气行业提供的就业机会可以帮助他们脱贫致富。但不幸的是，当地民众认为这些是以牺牲环境利益为代价换来的，且不可持续。

这就是2020年之前的情况。彼时，欧盟宣布了《欧洲绿色协议》，而油气行业则面临着ESG方面的压力、资本外逃以及油价暴跌等问题。这是一段令人担忧的时期，尽管有人认为需求将会恢复，并且这些协议不尽完美（甚至有可能无法落地），但大家似乎依然对未来感到迷茫。

油气行业似乎已经跌入谷底。

1.4 新冠肺炎疫情

有一种说法，与首席执行官、董事会或者首席财务官相比，新冠肺炎疫情对油气行业施加的变革性影响更大。这种说法较为准确，新冠肺炎疫情实际上更像是浇在熊熊大火上的助燃剂。为应对新冠肺炎疫情而做出的许多临时性变革措施将被延续下来。正如约翰·皮莱（Johe Pillay）所描述的那样，"疫情加速了对策虚拟化（virtualizing the proposition）和劳动力全球化的进程。我们再也回不去了。"病毒和疫苗功效的不确定性意味着未来还将发生更多变革。

1.4.1 疫情加速变革

2019年底，世界上出现了一种奇怪的新型病毒。它潜伏期长，可通过空气中的微小气溶胶传播，并能够引起类似肺炎的症状。因未能控制其传播，最终导致了2020—2021年席卷全球的新冠肺炎疫情。每隔10年左右，地球上就会出现一些奇怪的新疾病，我个人经历过的就包括非典型肺炎、禽流感、猪流感以及中东呼吸综合征（MERS，亦称"骆驼流感"）。此外，季节性流感每年也会造成数十万人感染，其中老年人死亡率更高。

新冠肺炎疫情让民众充分认识到致命性疾病的影响。凭借刺突蛋白结构，新冠病毒具有独特的传染性，它能够在细胞与细胞之间、个人与个体之间轻松传播[28]。相较于其他病毒，新冠病毒更难控制。最终，新冠疫情以迅雷之势席卷全球。

在疫情面前，我们大多数人几乎没有时间思考病毒如何影响人类生活，也很少去考虑病毒及其他健康威胁在工业化世界中所发挥的作用。在很大程度上，通过疫苗接种计划或其他方式，大多数其他疾病均得到了控制。新冠肺炎的爆发促使董事会和管理团队就人才的健康和安全问题进行了深刻的反思。

与此同时，油气行业正不断在其基础设施中安装大量新的传感器以引入数字自动化，而这也为计算机恶意软件、病毒以及其他恶意元素的传播培育了沃土。

新冠肺炎疫情期间的防控办法，与计算机病毒的管理方法非常相似。当前，企业在应对计算机病毒方面已经积累了大量经验，建议将从管理计算机病毒中汲取的经验运用于疫情防控实践，以帮助顺利度过此次疫情，并为接下来可能发生的其他疫情做好准备。

（1）计算机病毒会随着时间的推移而发生变异和演变，这一点与新冠病毒一样。与"恶性肿瘤"病毒将导致计算机彻底瘫痪一样，我们即使通过免疫接种计划战胜了新冠病毒，油气行业也难以回到疫情之前。为了应对计算机病毒，生产制造业进行了大量投资以推动永久性变革（培训计划、审计、监控和防御设置）。同样，我们现在需要做的则是将疾病防控永久性地纳入我们的防御体系中。

（2）旧版系统更容易受到网络攻击，这与老年人和免疫功能低下人群更容易受到新冠病毒和其他疾病感染类似。油气行业已经开始特别关注易受攻击的旧系统，尤其是那些关键任务系统。因为它们的 SCADA（数据采集与监控系统）系统、传感器和网络也更老旧。油气行业必须认真思考，坚持让员工重返办公室的做法是否正确。

（3）油气行业需要借助专业人士的知识和技能，为在用计算机系统提供全方位的保护。仅需要两三个兼职网络安全人员就可以保卫网络世界的想法是愚不可及的。一旦被黑客入侵，企业通常需要立即获得一系列服务，从品牌危机处理到备份和恢复专业技能，而钱往往不是首要问题。

（4）被计算机病毒攻击时，响应速度至关重要。计算机病毒传播迅速，充满活力，且很不容易被发现。对计算机病毒采取的封锁、追踪攻击和隔离感染区域等措施，与人类应对传染病所采取的行动大同小异。不论面对是计算机病毒还是生物病毒，制定应急计划并经常加以检验是关键。

人类应对生物病毒的一个重要特点是，设立了监控并分享病毒相关信息的情报交换机构，而这在数字世界中并不存在。计算机世界中并没有与世界卫生组织（the World Health Organization）或疾病控制和预防中心（the Centers for Disease Control and Prevention）相当的机构。这背后的一个原因是，计算机病毒通常是国家行为者的发明，很少有政府愿意在公开资助病毒监测部门的同时，秘密资助计算机攻击部门。另一个原因是，网络攻击可能引发品牌危机，造成股价下跌并产生恢复费用，从而导致企业付出高昂代价。因此，很少有企业愿意公开他们遇到的网络攻击。

企业将高度依赖专业人士来帮助他们维护网络防御体系，并重点将网络安全纳入其数字化设计中。

1.4.2 健全网络应急机制刻不容缓

新冠肺炎疫情使全世界意识到，我们必须做好应对病毒爆发的应急准备。除澳大利亚、新西兰和其他岛国外，大多数国家在病毒爆发时并未果断采取行动。不采取行动的决定与政府所走的政治路线无关，如自由派特鲁多领导下的加拿大和保守派特朗普领导下的美国均等到最后一刻才采取行动。根据加拿大提供的军事情报机，新冠肺炎最早出现于2019年12月，并于2020年3月在北美大规模传播开来[29]。尽管如此，许多国家直到2020年4月才开始关闭国际边境并实施隔离措施。最终，各国都选择实施自我封锁，全世界人民不得不被困家中。

一些国家实施封城策略，并在一周内建起了方舱医院。各国国门紧闭，游轮旅游被叫停，体育赛事也被迫取消或推迟。

1.4.3 疫情防控策略

一些企业迅速实施了一系列旨在保持社交距离的措施（如居家办公）。这些举措非常适合那些主要从事商业工作（包括财务、采购、贸易、人力资源、法律、行政、IT和其他类似服务性工作）的员工。一些企业彻底停工或实行轮岗办公制度，即一半员工在家工作，另一半员工留在办公室，并且间隔落座。

但是并非每位油气行业的从业者都可以选择自我隔离。现场资产仍然需要人来持续监督，而故障设备也需要人来修复。作为密闭空间的控制室，迫使操作员近距离办公。由于海上平台的空间有限，轮班结束后的工人只能分睡上下铺，因此很难实现保持社交距离的目标。

在建资产（绿地）的防疫工作也是一项挑战。油气资产通常位于偏远地区，通过工作营地提供服务（例如，麦克默里堡地区有大约32000名工人进出流动[30]；西澳大利亚的采矿业高度依赖临时劳动力）。油气资产的建设规划很可能并未考虑疾病控制与预防中心的建议，即与他人保持至少6英尺（或2米）社交距离。

为实施紧急变革，考虑到企业的设计方案，医疗系统的运作方式、制度机制的演变方式，以及我们对隐私的看法，实施强有力的疫情防控措施已势在必行。

1.4.4 全力抗"疫"

面对新的威胁，人类的通常反应是运用熟悉的知识，并依赖经过验证的工具和策略去应对。

导致罗马帝国垮台的主要原因便是受到了新的威胁——轻甲骑兵弓箭手的挑战，这些骑兵弓箭手在对抗罗马帝国活动迟缓、全副武装的步兵方面表现出色。由于罗马人愚蠢地固守他们的训练方式和成功经验，罗马帝国最终走向衰亡。中世纪早期的英国，战士们通常身穿轻甲、手持盾牌和长矛，徒步作战。最终，盎格鲁人、撒克逊人和维京人不得不屈服于马背上的诺曼骑士。第二次世界大战中，德国凭借闪电战（或突然袭击战术），在两年内征服了一个又一个国家，直到斯大林格勒战役才初尝失败的滋味。俄罗斯人在绝望中被迫尝试新战术——街头巷战（战士们被分成各个小队，通过不断移动取得对德国坦克部队的机动性优势，并攻击为前线提供燃料的补给线）。

西方许多国家和企业正是用这种方式——先使用过去的解决方案和工具处理不熟悉的问题，观察是否奏效，以应对疫情。但是，这样做的代价可能远远超出了预期。

长期来看，油气行业制定了全面的疫情防控策略，但在短期之内，所采用的解决方案本质上属于物理解决方案，高度依赖人工操作，并且会增加成本。

第一，通过彻底关闭部分设施、强制某些岗位的员工居家工作，以及让员工休假以减少在岗人员数量等方式，最大限度地减少需要管理的现场数量。

第二，尽可能地升级通风系统，使其达到更高的标准。

第三，通过调整工作时间表（减少上下班、午餐期间以及其他休息时间的人员聚集），在所有出入口实行间隔排队制度，限制未经核酸检测的工人和访客进入，以及强制隔离感染者等方式改变现场进出制度。

第四，通过以下措施，改变部分场地的使用方式：增加清洗和消毒站数量；加强清洁方案；提供口罩、手套和面罩；在控制室等狭小空间内增设蒸汽屏蔽层；通过轮岗办公或租用办公场所来增加办公室员工间的间隔。

第五，通过加强换班管理、增加现场交通服务和限制工作聚会来控制现场人员流动。

这些策略均未从根本上改变油气行业的基本商业模式和结构。如果不进行更深刻的业务变革，那么这些临时管理规则将成为规章制度永远实行，而油气行业的经营业绩也将永久下滑。

企业必须找到长期有效的解决方案，以缓解这些新威胁带来的成本压力。例如，NorthRiver Midstream 运营和技术高级副总裁杰伊·比尔斯伯格（Jay Billesberger）描述了自己公司遇到的问题：当时，公司需要在疫情期间做出重大转变……但却无法让员工们密切合作。因此，他们从零开始，在短短三个月内就推出了一款数字许可系统，将许可时间从原来的4个小时缩短为半个小时。

▷ 1.5 数字化是未来发展的必然趋势

油气行业似乎没有进行数字化转型的理由。油气行业融资愈发困难，且油气需求将不断下滑。政策制定者们热衷于削减或破坏需求，并不断提前禁用燃油车的时间表[31]。能源转型正全面展开，油气企业不得不投入大量资金建设新的基础设施[32]。鉴于如此多的不利因素，油气行业为什么还要费心投资数字化转型？

尽管如此，当您深入分析后会发现，形势远没有看起来那么不利。目前油气能源依然有市场。疫情和能源转型是影响油气需求的两个新因素。短期来看，后疫情时代将解锁被压抑的出行和服务需求，而能源转型也会带动建设新能源设施所需的燃料需求。数字化转型将帮助企业从短期投资中获取长期利益，并避免未来因油气需求破坏而造成的巨大损失。

1.5.1 需求回升

随着疫苗的推出，人们重返工作岗位，边境的重新开放，出行需求有望复苏[33]。虽然这种复苏可能需要几年时间，但在条件允许的情况下，普通消费者的国际旅行和度假需求将被释放。尽管各机构预测不尽相同，但考虑到被压抑许久的旅游需求，随着政府解除限制，休闲旅游很可能会在2022年后恢复到正常水平。这种出行需求的激增终将到来，至于究竟会达到何种程度，时间会告诉我们答案。

从长远来看，汽油需求可能下降，但是未来5年航空燃料需求仍将增加。航空燃料消费量再次激增可能会为油气行业（尤其是下游）创造积累资本的市场机会。增加的航空燃料需求肯定无法代替减少的车用燃料需求，但是目前航空旅行业仍将为油气产品提供市场。

1.5.2 能源转型本身是一个碳排放过程

各国政府正在启动的基础设施项目，以及能源转型本身均会产生对油气等传统能源的需求。

绿色能源不会产生二氧化碳，这是事实。但钢、铝、铜线、混凝土、半导体或锂离子电池不会凭空产生，生产这些物品或材料均需用到传统能源（通常是石油或天然气），而且采矿业在开采原料的过程中也需要消耗大量传统能源。讽刺的是，人们急于寻找石油和天然气的替代品，但制造这些替代品过程又离不开石油和天然气。

能源转型需要耗费大量的能源和资金。据估计，仅过渡成本就高达15万亿美元，这相当于用可再生能源满足56%的能源需求[34]。彭博新能源财经（BloombergNeF）预计，为实现2050年的"零碳"目标，全球需要付出高达130万亿美元的代价[35]，而在满足能源消耗增长需求的同时，实现完全替代则有可能进一步提高投资金额。能源转型将带动对资本项目和基础设施的大量投资，而这些资本项目和基础设施均需要用到油气等传统能源。

简而言之，能源转型的过程将导致石油需求短暂增加，到2050年逐渐减少。虽然届时汽油需求可能彻底消失，但石油和天然气将在供应链的其他环节找到市场。

疫情结束后出行需求回升，以及基础设施和大宗商品市场扩张，表明油气需求不仅不会消失，而且短期内还会增加。燃料需求最终将得以恢复，与建设这些基建项目的工业燃料需求激增相匹配。油气公司需要迅速采取行动以抓住这次机遇。

虽然短期内油气行业将迎来一些机遇，但这并不意味着油气行业将"重现辉煌"。对传统能源的需求终将消失。电网也将减少对油气等传统能源的依赖。因此，油气企业必须做出改变，以将短期收益转化为长期价值。这正是数字化的"用武之地"！

1.5.3 思维"数字化"

2019年,油气行业仍将数字化转型看作是"未来的一种可能",而非"唯一可能的未来"。其他可能的发展趋势,尤其是维持现状,仍然占据主流地位。在当时(2019年12月)看来,大规模远程办公和电话会议简直属于"天方夜谭",但现在已经成为许多旨在未来取得成功的B2B(企业对企业)服务提供商的正常办公流程。随着员工和老板们对远程办公的熟悉和适应,他们开始要求进一步提高办公的数字化水平。许多业内人士心里都很清楚,数字创新是为数不多的可以帮助能源生产商和消费者降低成本、提高生产率、通过业务重置改善企业韧性以及实现ESG目标的工具之一。因此,油气行业未来很可能会进一步加强和扩大数字化转型的投资力度。

我想起了密尔顿·弗里德曼(Milton Friedman)的一句话:

"只有危机——实际的或感知的,才会产生真正的变化。当危机发生时,采取的行动取决于想法[36]。"

弗里德曼还表示,只有在危机中,不可行才会成为不可不行。

应该指出的是,尽管部分企业(如爱彼迎)能够实现轻资产化,并几乎完全依赖数字平台运营,但并非所有企业可以效仿。就当下的条件而言,油气公司显然没有这个可能。无论是生产食物、提供热量、照明、制造衣服以及运输,都需要用到能源,而实物资产将继续在能源系统中发挥核心作用。数字化的作用是帮助优化这些资产,而不是取而代之。

以下是由于资本压力、需求变化、ESG议程,以及新冠肺炎疫情,而产生的数字化转型洞察:

(1)数据为王。

在办公室集中办公的工作人员,或控制室里挤满的操作人员,可通过各种方式来弥补低质量资产数据所造成的缺陷。但随着远程办公的兴起,以及基于机器人的业务模式,低质量数据将致使企业付出高昂代价。受疫情防控条件限制,企业难以随时对安装的设备进行实地考察,以校正错误记录。因此,行业对高质量数据有着巨大需求,并且人们对以"产品"形式存在的数据也越来越感兴趣。

（2）网络至关重要。

居家办公后，人们发现他们的家庭网络难以满足网络会议和网络娱乐的需求，并且大人和小孩时常需要同时争夺家里有限的Wi-Fi资源。长期以来，企业一直拒绝参与除自身防火墙以外的网络基础设施建设。但今时不同往日，企业的生产力取决于家庭网络的稳健程度，以及与业务边缘相连的网络。预计未来电信公司将抓住机遇，提供更加强大、更加稳健的网络。

（3）传感器技术将取代人工监测。

未来的操作人员无需亲自前往现场检查设备，他们可以通过部署具备可视化分析功能的摄像头来监测资产。可视化分析包含面部识别技术，是数字化领域的一部分，目前正迅速被广泛应用于各种工业场景。例如，一家大型建筑公司使用其夜间安保摄像头，以识别零件、设备和水泥是否运抵建筑工地，并向施工队发出提醒。通过这种应用方式，摄像头可以帮助企业减少碳排放，降低成本，并为员工提供安全保障。摄像头传感器只是其中一个用例，还有支持声音、气味、振动、温度、压力测量等功能的其他传感器。

（4）边缘设备将兴起。

分布式廉价传感器的强大功能与支持云计算的传感器数据机器解释相结合，将释放对边缘设备的需求，这些设备可持续自我监控并且不需要持续的人工监督。其最初的用途是在现场运行远程操作设备，并在与卫星网络建立连接时，间歇性地对设备进行检查[37]。随着油气行业对边缘设备可靠性和可信度的认可，它们将承担起更多的现场监测任务。无人机凭借低功耗芯片和先进的电池技术，是目前发展最快的一类边缘设备。

（5）以机器为主的商业模式。

劳动密集型生产模式正面临严峻考验。对于依赖封闭环境和近距离接触的工作环境，工人们完全有理由感到担忧。虽然油气行业已经投资了许多刚性技术（Rigid Technologies），但这些技术在运维方面仍将依赖人工操作，能够安全可靠运行且具备防病毒能力的边缘设备才是大势所趋。基于机器的商业模式正在崛起。预计未来人们将更加重视算法、机器学习、人工智能（AI）和自主技术，因其有助于设备在无人工监督条件下长时间高负载运行。

（6）棕地资产将重获新生。

从上游的油井到下游的加油站，油气行业大多数基础设施的历史均可追溯到 ESG 以及数字化转型出现之前。一方面，由于这些资产非常难以实现变革，导致企业在实现其 ESG 承诺方面受到巨大阻力；另一方面，由于这些资产与 SCADA 及其他监控系统相连，它们具备成为数据丰富资产的潜力，并且能够从机器学习和人工智能的分析潜力中受益。此类工具既可以帮助企业提高旧数据的质量，从而获得更好的分析结果，又可以帮助企业更好地分析新数据。而好的分析有助于管理者做出明智的运营决策，并将 ESG 承诺纳入其中。随着时间的推移，企业将更加严格地管理棕地资产，使之与企业的 ESG 目标保持一致。

（7）碳排放测量方式将有所改善。

在可预见的未来，棕地资产和绿地资产将成为重要碳源。这也意味着油气行业必须仔细跟踪其碳排放数据，以便进行适当的积极抵消。目前的碳排放测量方式主要建立在工程原理基础之上，即针对使用已知特性能源的某项资产，按照特定水平运行，从而估算出相应的碳排放量。

但是，资产可能泄漏，阀门偏移可能超出校验范围，不同的气体也可能产生截然不同的影响。由于规模效应，碳排放测量精度的"差之毫厘"可能会导致最终工程测算"谬以千里"。

边缘传感器和卫星图像解释技术等数字化工具可以检测到气体，并在易于访问的云数据库中以低延迟记录测量数据，从而帮助企业持续、实时监测实际资产的碳排放情况。

（8）供应链将重置。

鉴于线下近距离协作可能引起疫情传播风险，经证明，Zoom 和 Teams 等线上会议工具能够弥补线下协作缺失造成的损失。预计未来企业将更加积极地在包括承包商和供应商在内的整个供应链中部署协作工具，如协同文档编辑（Google Docs）、任务协作管理（Trello、Teams 等）以及团队沟通设计（Slack）。覆盖全球的网络使得服务公司能够从世界任何地方提供实时资产监管服务。

（9）供应链将提高透明度。

油气行业的供应链长且复杂。国际油气公司需要跟踪整个供应链中的产品，以确保产品来自积极践行 ESG 理念的供应商。消费品、药品和食品等行业早已开始执行供应链的追溯管理，化学品行业亦开始跟进。

考虑到油气行业供应链碎片化程度高、多次传递、离散服务、控制权频繁变更以及监管负担重等特点，数字创新可以帮助企业更好地跟踪和追踪整个供应链中的石油、天然气和石化产品。诸如区块链这类数字工具可以有效地提高供应链的透明度，以便供应链参与者能够达到ESG标准。

（10）融资渠道将作出调整。

传统资本市场不再愿意向化石能源行业提供资金，并且监管机构正迫使贷款机构披露其能源转型的风险敞口。与此同时，数字化转型也创造了新的资本池。在监管措施到位之前，这些资本池可以通过分散资产所有权、石油生产和贸易结算代币化等手段为油气企业提供资金。很有可能已经有人用比特币完成了油气交易。预计未来油气行业将继探索这类新型融资工具，以协助其运营。

显然，采用数字工具支持的创新工作方式是降低成本、提高生产力和开启新业务模式的关键途径。根据杰伊·比尔斯伯格的说法，"数字技术可以消除系统中的干扰因素。每个人都可以浏览任何基线，就像它是当前项目状态一样。公司管理者可轻松实现'例外管理'。"

此外，事实证明，数字化工具是应对疫情传播和行业成本挑战的关键解决方案。而且我们对这些数字化工具并不陌生。

预计那些进行数字化转型的企业有望将成本降低20%或以上，且将生产力提高20%或以上。雷普索尔等公司都提出了分阶段实现碳中和的战略路径，而要想实现这一点，企业必须首先对产生碳排放的工作流程进行彻底改革，以克服疫情挑战，并降低生产成本。因此，数字化转型是油气公司发展的必由之路。

▷ 1.6 要点梳理

（1）油气行业正在向更加多样化、更加均衡的能源结构过渡，并已初步取得成效。

（2）未来交通运输业对化石燃料的需求充满了不确定性，但对塑料和石化产品的需求依然强劲。

（3）在制定有关能源采购和消费的决策时，ESG因素将发挥重要作用。

（4）欧盟关于气候的立法为全球树立了摆脱对化石燃料依赖的标杆。

（5）数字创新企业成资本市场"新宠"。

（6）疫情让人们认识到，在必要时，能源行业也可以迅速实现变革。

（7）在疫情期间，已部署但之前未得到充分利用的数字工具证明了自身的价值。

（8）油气行业尚未充分挖掘数字化转型的价值。

参 考 文 献

[1] BP, "Energy Outlook: 2020 Edition," 2020, bp.com/content/dam/bp/business-sites/en/global/corporate/pdfs/energy-economics/energy-outlook/bp-energy-outlook-2020.pdf.

[2] "Responsible Investment Annual Briefing Updates," Shell, April 16, 2020, shell.com/media/news-and-media-releases/2020/responsible-investment-annualbriefing-updates.html.

[3] BP, "Energy Outlook 2020."

[4] BP, "Statistical Review of World Energy: 2020," 2020, bp.com/content/dam/bp/business-sites/en/global/corporate/pdfs/energy-economics/statistical-review/bp-stats-review-2020-full-report.pdf.

[5] "Crude Oil Prices—70 Year Historical Chart," Macrotrends, accessed May 5, 2020, macrotrends.net/1369/crude-oil-price-history-chart.

[6] Organization of the Petroleum Exporting Countries, "OPEC Annual Statistical Bulletin," Scott Laury, ed., OPEC.org, 2020, asb.opec.org.

[7] BP, "Statistical Review of World Energy: 2020."

[8] Olga Yagova, "Saudi Arabia Floods Markets with $25 Oil as Russia Fight Escalates," Reuters, March 13, 2020, reuters.com/article/us-oil-opec-saudi-idUSKBN21022H.

[9] US Energy Information Administration, "Early 2020 Drop in Crude Oil Prices Led to Write-Downs of U.S. Oil Producers' Assets," EIA, July 27, 2020, eia.gov/todayinenergy/detail.php?id=44516.

[10] Dr. Werner Vogels, "The Story of Apollo—Amazon's Deployment Engine," All Things Distributed, November 12, 2014, allthingsdistributed.com/2014/11/apollo-amazon-deployment-engine.html.

[11] Alex Kimani, "BlackRock Is Turning Up the Heat on Oil Companies," OilPrice.com, January 27, 2021, oilprice.com/Energy/Energy-General/BlackRock-Is-Turning-Up-The-Heat-On-Oil-Companies.html.

[12] Jeff Loucks, James Macaulay, Andy Noronha, Michael Wade, and John T. Chambers, Digital Vortex: How Today's Market Leaders Can Beat Disruptive Competitors at Their Own Game (Lausanne, Switzerland: IMD—International Institute for Management Development, 2016).

1 变革的力量

[13] Geoffrey Cann and Rachael Goydan, Bits, Bytes, and Barrels: The Digital Transformation of Oil and Gas(MADCann Press, 2019).

[14] International Energy Agency, "Digitalisation and Energy: Technology Report," OECD/IEA, November 2017, iea.org/reports/digitalisation-and-energy.

[15] A planet that is "doomed" and sends its population in ark-like ships to colonize new worlds. Unfortunately, the only survivors are management consultants and telephone sanitizers. From Douglas Adams, The Restaurant at the End of the Universe(London: Pan Books, 1980).

[16] "Denmark Set to End All New Oil and Gas Exploration," BBC News, December 4, 2020, bbc.com/news/business-55184580; "2050 Long-Term Strategy," Climate Action, European Commission, November 23, 2016, ec.europa.eu/clima/policies/strategies/2050_en; Matt McGrath, "Climate Change: China Aims for 'Carbon Neutrality by 2060,'" BBC News, September 22, 2020, bbc.com/news/science-environment-54256826.

[17] G&A Sustainability Highlights, "Millennials Really Do Want To Work for Environmentally-Sustainable Companies, According to a New Survey of Large Company Employees," Governance and Accountability Institute, February 23, 2019, ga-institute.com/newsletter/press-release/article/millennials-really-do-want-to-work-for-environmentally-sustainable-companiesaccording-to-a-new-su.html.

[18] "Oil-Rich Alberta Seeks Ways to Go Green," The Economist, December 3, 2020, economist.com/the-americas/2020/12/05/oil-rich-alberta-seeks-ways-to-go-green.

[19] Index data gathered from Yahoo Finance as of February 2021.

[20] Index data gathered from Yahoo Finance as of February 2021.

[21] Stock price data gathered from Yahoo Finance as of February 2021.

[22] "A European Green Deal," European Commission, ec.europa.eu/info/strategy/priorities-2019-2024/european-green-deal_en.

[23] "Responsible Investment Annual Briefing Updates," Shell, April 16, 2020, shell.com/media/news-and-media-releases/2020/responsible-investment-annualbriefing-updates.html; Press release, "Repsol Will Be a Net Zero Emissions Company by 2050," Repsol, December 3, 2019, repsol.com/en/press-room/pressreleases/2019/repsol-will-be-a-net-zero-emissions-company-by-2050.cshtml.

[24] "Keystone XL Pipeline: Why Is It so Disputed?" BBC News, January 21, 2021, bbc.com/news/world-us-canada-30103078.

[25] "A European Green Deal."

[26] Peter Evans-Greenwood, Robert Hillard, and Peter Williams, "Digitalizing the Construction Industry: A Case Study in Complex Disruption," Deloitte Insights, February 26, 2019, deloitte.com/us/en/insights/topics/digital-transformation/digitizing-the-construction-industry.html.

[27] "A European Green Deal."

[28] Dr. Barry Robson, "COVID-19 Coronavirus Spike Protein Analysis for Synthetic Vaccines, a Peptidomimetic Antagonist, and Therapeutic Drugs, and Analysis of a

Proposed Achilles' Heel Conserved Region to Minimize Probability of Escape Mutations and Drug Resistance," Computers in Biology and Medicine 121 (June 2020): 103749, doi.org/10.1016/j.compbiomed.2020.103749.

[29] Murray Brewster, "Canadian Military Intelligence Unit Issued Warning about Wuhan Outbreak Back in January," CBC News, April 10, 2020, cbc.ca/news/politics/coronavirus-pandemic-covid-canadian-military-intelligence-wuhan-1.5528381.

[30] "Passenger Statistics," Fort McMurray International Airport, accessed March 24, 2021, flyymm.com/passenger-statistics.

[31] Jay Ramey, "Canada to Ban New Gas-Engined Car Sales by 2035," Autoweek, June 30, 2021, autoweek.com/news/green-cars/a36888320/canada-to-ban-new-gas-engine-car-sales.

[32] "Fact Sheet: President Biden Announces Support for the Bipartisan Infrastructure Framework," The White House, June 24, 2021, whitehouse.gov/briefing-room/statements-releases/2021/06/24/fact-sheet-president-biden-announces-supportfor-the-bipartisan-infrastructure-framework.

[33] Jeremy Bogaisky, "What's Ahead For Airlines and Aviation In 2021," Forbes, December 29, 2020, forbes.com/sites/jeremybogaisky/2021/12/29/whats-ahead-for-airlines-and-aviation-in-2021.

[34] Irina Slav, "The True Cost of the Global Energy Transition," OilPrice.com, November 9, 2020, oilprice.com/Energy/Energy-General/The-True-Cost-Of-The-Global-Energy-Transition.html.

[35] "Emissions and Coal Have Peaked as Covid-19 Saves 2.5 Years of Emissions, Accelerates Energy Transition," BloombergNEF, October 27, 2020, about.bnef.com/blog/emissions-and-coal-have-peaked-as-covid-19-saves-2-5-years-ofemissions-accelerates-energy-transition.

[36] Milton Friedman, Capitalism and Freedom (Chicago: University of Chicago Press, 2020).

[37] Alex MacGregor, "Husky Energy Deploys Ambyint's AI Technology across Rainbow Lake Field and Demonstrates Impact That IIoT Can Have on Operational Excellence in Oil & Gas," Ambyint, November 13, 2018, ambyint.com/resource-item/husky-energy-deploys-ambyints-ai-technology-acrossrainbow-lake-field-and-demonstrates-impact-that-iiot-can-have-on-operationalexcellence-in-oil-gas.

2　数字化框架

请勿称之（数字化）为技术，因为这听起来过于尖端和前沿。请使用较平和的词语，例如称之为"机械解决方案"。

——Cory Bergh

NAL Resources 公司副总裁

在数百种竞相吸引市场关注的数字技术中，对油气行业有吸引力的相对较少，因其并不喜欢太过尖端的技术。通常只有那些在油气行业过往业绩良好的数字创新公司，才能渗透并占领市场份额。鉴于油气行业的规模、范围和复杂程度，采用新技术也很困难，而且颇具挑战性。与涌现出数十个独角兽企业（估值达10亿美元的初创公司）的消费行业不同，油气行业中几乎不存在这类企业。

然而，有几种数字技术正变得愈发普及。这些领先的数字技术目前已经开始应用在油气行业的各个领域中，同时，人才短缺的问题也相应产生。

是什么原因使得一些技术领先于其他技术？这些技术是如何通过相互组合以扩大其影响的？油气行业数字化转型的过程中，哪些技术在竞争中处于领先地位？本章将介绍数字化转型框架，这是一个寥寥数笔就可以勾画出来的简单模型，可以用来解释数字技术和技能，它们之间的关系，以及基于"数字定律"的价值等式。

数字技术相互结合使用创造的价值，大于它们各自创造的价值。本章所介绍的数字化转型框架，适用于整个油气行业。

数字化转型框架共分三层：

（1）业务能力；
（2）数字化核心；
（3）数字化基础。

2.1　业务能力

数字化转型框架的第一层是业务能力，也就是按数字变革的步伐而行事和决策的能力。许多公司（不仅仅是油气公司）购买了数字工具或解决方案，然后就宣称自己完成了数字化转型。他们只是在玩数字化转型"游戏"。事实上，数字化转型意味着工作方式的转变，这才是数字化转型最困难的部分。

实现数字化转型意味着思维方式发生重大转变，以及采用新的方式来进行变革、发展技能、组织人才和做出决策。我会用整整一章（第 4 章）的篇幅来讨论与变革管理和人才有关的问题。

实现数字化转型还意味着采用新的工作方式，以确保与基础数字技术的变化速度保持一致。最重要的是，能够跟上变化节奏。第一种新的工作方式被称为"敏捷"实践，其增强并经常取代了传统的时序工作实践。"敏捷"起源于数字技术行业，是一种用于开发新软件或硬件的迭代方法，其原理是基于在一个时间框架内可以完成多少工作，而并非设定一个明确的工作范围和工作计划。

第二种新的工作方式称为 UX，即用户体验（user experience）。数字创新者努力使其解决方案易于上手，尽最大可能消除培训的必要性。直观诱人的引导性交互界面，利用了一些网络游戏技术，从而让工作变得有趣，甚至让人有点上瘾。

正如案例研究所示，鉴于油气行业的硬资产性质，创建以这种方式工作的能力是领导者与众不同的地方。

2.1.1　敏捷工作实践

敏捷开发是构思、设计、构建、测试和部署软件的新方法，因以前的软件开发方式跟不上技术变化的速度而出现。当需求发生变化或技术得到改进时，在开始马拉松式的系统构建工作之前，花几个月的时间来记录和确认用户对新系统的需求是行不通的。

2 数字化框架

```
业务能力
为了"实现数字化转型"，必须采用新的工作方式
    人员与变革管理
       （第4章）
    敏捷与用户体验

数字化核心
各家公司禀赋不同，创造的工作方式也各不相同
           数据
  工业物联网  人工智能  机器人

数字化基础
适用于所有的公司和组织
       云计算
       区块链
  企业系统：网络、平台、应用程序
```

数字化转型框架

软件工程师需要采用新方法来加速软件开发过程，更快地将软件变更内容部署到生产中，简化解决问题的流程。最重要的是，新方法的开发速度更快且更符合用户实际需求。他们的一些重要创新包括：

（1）为参与者创建新角色，包括产品经理、敏捷教练和客户等角色；

（2）将工作建立在设定的截止日期或时间限制上，而并非建立在项目的范围上，以快速迭代的方式产生可交付物或成果；

（3）进行迭代开发，创建多个完全不同但方向一致的解决方案版本，从而最终找到可行的方案；

（4）发明无代码或低代码工具，从而无需专业的程序员即可构建解决方案；

（5）实现测试自动化，进行更全面的测试，尽早发现错误，减少对测试人员的需求。

目前，敏捷法已经拓展到软件开发之外的其他领域，包括油气行业。案例研究中提到的所有公司，均在一定程度上采用了敏捷工作实践。同样重要的是，没有一家公司完全放弃其传统技术。

敏捷法非常适合解决方案不确定或需求难以确定的情况。敏捷法不太适合那些结果非常清楚或需求已被充分理解的情况。正如一位受访者所述，如果产品是高压或带电资产，例如锅炉或电动机，您不会希望工程师进行试验或生产最小可行性产品。

由于非常适合在不确定的环境中使用，一些敏捷流程实践（例如每日站立会议）已经被油气行业中广泛采用，甚至应用到了首席执行官的会议上。

2.1.2 用户体验

业务能力的第二个重要指标是用户对解决方案的体验。事实证明，良好的用户体验是数字工具日益普及的关键原因。在我们这个日益工业化的世界里，消费者技术有 6 个层次的用户体验设计。

2.1.2.1 使用方式

数字公司专注于其技术的实际使用方式。每个按钮的位置、大小、颜色和字体都会引发数小时的热烈讨论。类似的讨论还涉及菜单、屏幕布局、功能、可访问性、安全性、交互性、通知，以及许多其他的界面设计。分析人员仔细研究与用户活动、手指运动、眼神聚焦、面部表情、悬停时间和导航有关的视频。他们的目标是更高效地帮助用户尽快得到他们想要的东西。

> 在电视遥控器领域，工程设计与面向用户的设计之间的区别显而易见。某大型电视制造商为遥控器的每项功能都提供了一个按钮，从而导致遥控器尺寸过大、过于复杂、过于厚重。相反，苹果电视遥控器就要简单得多，只有一个隐藏的触控板以及音量控制、电源、麦克风、停止/开始、菜单等按钮。而且，近十年来苹果公司的用户设计一直保持这种风格。

绝大多数油气行业的技术都不怎么关注用户需求。大多数技术都以资产的需求为导向，仅提供资产当前活动读数（如工作温度和压力）的仪表和显示器。通常在设计完成后才会想到操作人员的需求。这在一定程度上解释了为什么在没有充分考虑用户需求的情况下开发的新业务解决方案和技术很难得到广泛接受，甚至会被消极对待。

2.1.2.2 个性化设置

网络游戏揭示了用户体验的第二个指标，即用户可以自行控制的个性化程度。个性化程度越高，用户对解决方案的依恋就越深。游戏玩家可以改变其虚拟形象的发型、眼睛颜色、体型、性别，而且在一些幻想游戏中，他们还可以变成神话人物的形象（如精灵、巨魔、地精等）。人物形象还可以通过服装、饰品、盔甲、工具和装备等进一步修饰。玩家可以对游戏中的挑战任务进行个性化设置，例如在时间或速度等限制条件下通过特定的路线。随着时间的积累和技能的获取，游戏产生徽章、奖金、代币、高级工具和特殊技能等。音效和音乐则有助于营造情感氛围，并鼓励玩家提高参与的积极性。

对用户来说，个性化设置至关重要。如果留意就会发现，当智能手机制造商发布最新版本的手机时，他们会非常谨慎地将所有个性化设置迁移到新手机。如果由于迁移导致高度个性化的体验中断，这将成为消费者升级换代的关键阻碍。

油气行业各个系统的个性化设置能力千差万别。传统技术通常没有个性化设置功能。设计数据采集与监控（SCADA）系统时仅考虑了硬件条件的限制，并未考虑用户灵活操作的需求。储罐仪表的显示内容由工程师设计，布局由物理屏幕的形状决定。这些系统的个性化程度近乎为零。

成熟的数字技术允许用户自己设定仪表板内容、屏幕布局、通知选项和屏幕颜色。即使是在工业领域，也应该具备一定程度的个性化。

2.1.2.3 参与度

数字技术用户体验的第三个指标是参与度。参与度是衡量用户与产品互动的指标。如谷歌搜索、苹果手机、苹果手表、安卓应用程序、脸书和优步等。数字解决方案非常容易上手，甚至不需要提供相关的培训。孩子们拿起平板电脑，然后很快就知道怎么使用。

我们非常喜欢这些产品的某些特性。这些特性，如对内容的推荐，甚至会让人轻微上瘾。我们通过按下"点赞"按钮（或悲伤表情符号）来标记我们认为有价值的材料，并在网络上分享这些材料，来扩大它们的二次传播。我们还会在评论栏提供反馈意见。参与度是衡量消费者对情感体验投入程度的重要指标。

许多油气公司的数字技术已经采用了一些现在流行的、可以提升用户参与度的功能，例如对系统的反馈或评论。大型数据库或共享解决方案、代码库通常都会收集用户的喜好，然后根据实际使用情况对其内容进行排序上的优化。

2.1.2.4　联络沟通

数字技术用户体验的第四个指标是与其他用户联络沟通的能力。工业技术公司一直依赖客户群活动和线下展会来推动产品升级、销售附加模块、吸引新客户，以及收集研发反馈意见。在新冠肺炎疫情期间，活动通常采用线上虚拟形式，然而在线活动的质量参差不齐。

数字社区是用户的在线社区，通常在创业阶段启动。出于成本原因，数字社区完全采用虚拟形式。用户可利用数字社区解决各种问题，从反馈意见到为技术问题寻找解决方案。数字公司努力通过信息交流、博客文章、线上展会和直播教学等手段，培育其用户社区。新冠肺炎疫情期间，这些社区提高了自身的影响力。

在使用数字世界中的这些社区功能方面，工业技术领域仍然比较落后。

2.1.2.5　协作能力

数字技术用户体验的第五个指标是协作能力。在网络游戏世界，玩家并非与机器对抗，而是组成具有不同技能水平的团队，学习如何在游戏中相互协作。他们在技能排名榜上取得进步，与其他玩家竞争，获得更先进的工具和技能，收集代表成就的徽章，并积累可用于虚拟或真实商品的奖励和代币。电子竞技是网络游戏快速发展的延伸。

能源基础设施的所有者和运营商对在员工团队中引入不受约束的竞争行为持谨慎态度。这完全可以理解。如果一味强调提高工作绩效指标，可能会使员工忽视安全防护，甚至对企业造成严重的损害。与自己竞争，往往是最安全、最有效的提升方式。跨公司协作可能会触碰到反垄断规则，因此协作是一项更加可控的事务。

2.1.2.6　创作性

用户体验的最高层面是创作性。如 YouTube 提供的 YouTube Studio，允许内容创作者在直播结束后立即编辑自己的回放视频。

在工业领域，用户可利用平台解决方案进行创作。平台整合了软件开发工具包等创新工具，用户可以开发自己的小程序或本地软件。创作者可用其满足自己的需求，或将其放在类似苹果的"应用商店"中供他人使用。

在工业界中提供这些创造性工具的风险在于，开发人员可能会发现自己只是在构建解决方案，而没有努力提升用户体验！

▷ 2.2 数字化核心

数字化核心包括4个关键要素：
（1）数据；
（2）工业物联网；
（3）人工智能和机器学习；
（4）自主性和机器人。

事物（2）生成的数据（1）由人工智能（3）加以解释，然后由机器人（4）执行。利用这个公式可以创造出与众不同、难以复制、经久不衰的经典商业模式。

一切都源于数据。每个企业都拥有数据，都在产生数据，并且都在使用数据。数据与具体流程、资产以及业务息息相关。数字化，就是数据化。数据是未来油气公司的关注重点，也是数字化转型框架的核心要素。

数字化转型框架中的另一个要素是工业物联网，它是可生成数据并允许远程访问和控制的设备。物联网已经在消费领域得到广泛应用。家庭管理设备、智能开关、恒温器、摄像头、烤面包机，甚至烧烤炉，都有支持互联网的设备，这样用户就可以知道自己的烤鸡何时达到外焦里嫩的最佳效果。需注意的是，这些设备既有便利，又有风险，尽管人们已被其新颖性所吸引。

为了读取、解释和处理数据，我们需要利用人工智能和机器学习技术。人工智能是指机器像人类一样执行认知相关功能的能力，如视觉解释、语言翻译或创造性表达。更准确地说，人工智能是一系列程序和算法通过交互作用来执行特定任务。

最后，利用机器人将数据解释结果应用到实际工作中，以取代办公室和供应链,以及重复性危险任务中的人力。数字化转型框架中的"自主"是指人工智能或机器能够在无人指挥的情况下,执行各种指令。

每家公司、每个团队,甚至每个单位都可以围绕这4个关键要素进行配置组合,从而创建自己独特的工作方式。受以下两个数字定律的共同影响,在形成标志性工作方式的过程中,转型速度是致胜的关键。

(1)摩尔定律。摩尔定律由英特尔公司的工程师戈登·摩尔(Gordon Moore)提出[1]。他观察到电路板上晶体管的密度每18个月就会翻一番。这种单位时间增长一倍的增长现象同样适用于计算机芯片,它们的性能呈指数级速度增长,且尺寸和成本以相似速度下降。摩尔定律还适用于在计算机硬件上运行的软件和算法。符合摩尔定律的芯片有以下三种:

① 用于存储数据的数据存储芯片;
② 用于执行数据计算任务的微处理机芯片;
③ 用于传输和交换数据的通信芯片。

这些芯片的尺寸正不断缩小,成本和功耗也变得越来越低,且吞吐量、速度和容量正不断提高。从商业角度来看,摩尔定律相当于40%的复合年增长率。

(2)梅特卡夫定律。20世纪70年代英国放松工业管制时期,经济学研究员罗伯特·梅特卡夫(Robert Metcalfe)提出了梅特卡夫定律[2]。梅特卡夫发现,网络的价值与网络上所连接节点数的平方成正比。连接的节点越多,网络资产就越有价值、越强大。

受这两个定律共同推动了建立在计算机硬件和软件基础上的数字化创新迅速发展,迫使个人和公司以更快的速度采用它们。

数字创新者正在寻求建立能够产生和利用数据的网络。从数学意义上讲,他们试图使 N 以40%的复合增长率增长,由此产生的价值将是 N 的平方。

▶ 2.3 数字化基础

数字化转型框架的第三层是数字化基础。数据可以看作数字化转型的入场券。没有数据,您就无法参与"数字化转型"这场游戏。

首先,云计算负责存储数据,提供按需分析,并托管人工智能引擎、机器学习算法，甚至会包括一些机器人。云计算为新的颠覆性商业模式赋能，是网络效应加以利用的手段。

其次，区块链则让我们可以信任数据、传感器、算法和机器人。未来，我们的信任将不再建立于人工操作和复杂流程之上，而是通过区块链技术实现信任。

最后，数字化基础包括允许与数字框架中的服务连接的网络，对数字资产的网络保护，以及企业资源规划或商业系统进行广泛的业务服务。这就是由业务能力、数字化核心、数字化基础构成的数字化转型框架。您可以试着在纸上画出草图，或者把最新的数字化项目与之联系起来。事实证明，这非常有助于理解数字化方案，并帮助您的组织从购买数字化方案直接跨越到进行数字化转型。

在了解了这一框架后，我们就可以开始深入研究各个要素，以及它们目前在油气行业中所处的位置了。

2.4 数字化成熟度

数字化框架中的各要素在整个油气行业应用的"成熟度"各不相同。一些要素非常成熟，如案例研究中涉及的公司都强调，云计算现在是其业务基础设施的坚实组成部分；而其他要素，如区块链仍处于起步阶段。成熟度的 S 曲线模型有助于帮助决策者、技术专家和监管机构在油气行业部署这些解决方案。

S 曲线基于尼古拉·康德拉季耶夫的"技术生命周期"理论，通常用于描述技术的成熟度和市场接受程度[3]。本书的模型仅关注技术在工业中的应用水平，尤其是在油气行业中的应用。

其中 x 轴是时间，y 轴是成熟度。"成熟度"是指技术水平、应用广度和市场渗透率。一项技术在公司或行业中出现初期，会遭遇长时间的怀疑、冷落，以及一系列冗长的概念验证试验。一旦新技术的用例和价值开始出现，并且如果用例足够令人信服，那么这些技术将进入接受和开发的快速增长期。曲线的这一部分也代表了技术的"炒作"达到顶峰的时候。随着它们成为常规运行的正常结构的一部分，这些技术就变得"成熟"，不再呈现快速增长的情况。

这个框架显示了哪些技术正在快速增长，哪些即将进入快速增长阶段，哪些已经离开了这一阶段。根据您的战略，您可能希望引入正处在增长高峰的新技术，以便获得最大的价值。但是，如果您担心出现烦人的业务中断情况，则最好避免使用已处于增长阶段的技术。

2.5 数据

数据是核心能力的第一个组成部分，现在已成为整个行业的绝对核心。Jupiter Resources 公司执行副总裁帕特里克·埃利奥特（Patrick Elliott）表示，"如果我们找到最优秀的人才，为他们提供最准确的信息，让他们参与决策，那么我们的表现将优于市场，因为我们拥有人才的全部能力。要做到这一点，需要让人才能够访问所有数据。"

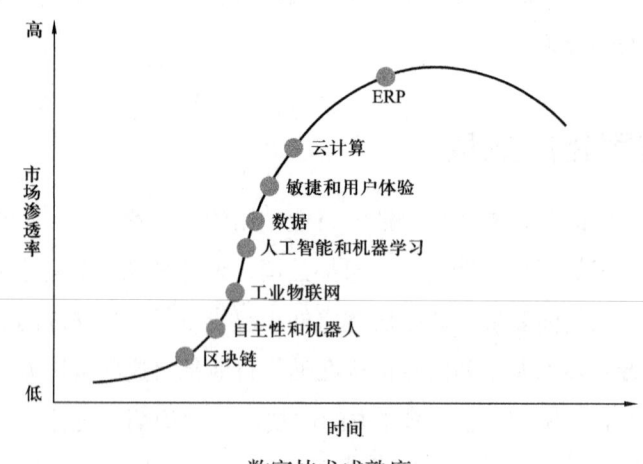

数字技术成熟度

在数字世界中，数据是一种资产、一种货币、一种燃料、一种越来越纯粹的价值。油气行业有大量的数据可供使用，正如第 3 章关于商业模式中的描述，基于数据的全新业务已经开始出现。就数据的管理、控制、审查和应用而言，仍然存在相当多的机会，而不仅仅是在增强其他数字技术方面。例如，正如约翰·皮莱所述，"在项目环境中，您每次创建项目时，往往会创建数千个数据岛。"

业内一些人已经在以截然不同的方式处理数据方面取得了巨大进步（详见案例研究中给出的案例），但大多数组织仍在沿用原有的数据方法苦苦挣扎：

（1）无论数据是在上游、下游还是在服务中，大多数公司的管理层对数据在公司的作用和重要性仍缺乏清晰的认知。

（2）业内软件产品的设计往往将数据禁锢在特定产品中，从而阻碍共享。这被视为无法解决的商业成本。

（3）在购买新软件时，部门负责人和技术专家往往高估其分析功能，而低估数据的价值。

（4）各家公司在孤立且无法访问的信息孤岛中开展业务，对气井和压缩机等基本事物有多种定义。

（5）Excel成为了解决各种数据相关问题的默认工具，例如促进两个不兼容系统之间的数据交换，对数据进行操作，以及通过图表和图形对数据进行可视化处理等。

（6）财务规则仍然将数据视为需要管理的成本，而并非可以利用的资产。

（7）员工对数据缺乏明确的责任，管理者难以说清资本要求及优质数据管理实践带来的好处。

（8）企业很少有针对数据质量的性能评价指标。

（9）部门之间的内部资本竞争无意中阻碍了数据共享、协作和相互支持。

现在，一股全新的挑战正席卷油气行业，并引起人们的关注：

（1）油气行业将如何满足识别和追踪碳排放的要求？这是一项全新的要求。

（2）服务公司和技术提供商是否有兴趣保存通过所销售的传感器或所提供的服务而生成的数据？案例研究表明，这其中潜在着相当大的价值。

（3）由于不愿在自身界限之外共享数据，此行业将如何合理利用机器学习解决方案带来的机会？这些解决方案拥有的数据越多，就越能通过质量分析和建议来支持决策。

（4）在人工处理如此多的数据的情况下，油气行业如何才能让持怀疑态度的资本市场相信其数据是准确、完整和真实的？

▶ 2.6 工业物联网

工业物联网的世界正在迅速成长，而且在新能源装置中，它正在成为默认的系统选择。

数据采集与监控是用于从远程对资产进行近实时数据采集和解释的传统工

业设计。数据采集与监控系统非常可靠（不会出现蓝屏死机的情况），坚固耐用，并且可以 24 小时不间断地运行。没有它们，当前的能源世界就无法运转。

但由于下述原因，数据采集与监控并不适合于数字世界：

（1）与数据采集与监控系统相互集成的成本很高，这是集成在数字世界中的相关的问题之一。

（2）旧版本的数据采集与监控系统并未在互联网上启用，这限制了对其进行远程管理的能力。

（3）许多数据采集与监控系统依靠其隐蔽性来确保安全，但是黑客使该系统出现了安全隐患。

（4）数据采集与监控系统主要功能是控制，而非分析，这与机器学习世界不一致。

传统数据采集与监控系统无法完成数字时代的任务，但这并不意味着资产管理的末日。新型传感器技术完全可以应对这一挑战。

2.6.1 工业物联网与边缘设备

在工业界，工业物联网有两种主要形式。第一种形式是工作现场的传感器（通常捆绑在控制单元中），用于收集运营资产的数据，并将数据传输到现场的控制中心。工业物联网与数据采集与监控系统的不同之处在于，工业物联网设备能够发送和接收数据或指令；传感器能够远程控制；通常能够直接在传感器上直接进行分析。

第二种形式称为边缘设备。由于网络连接的限制，或由于后勤方面的问题，此类设备通常距离控制中心很远。为了确保有用，边缘设备必须：

（1）拥有一些机载分析能力；

（2）通过网络进行连接，以共享其数据和计算；

（3）无须连续接入网络即可运行；

（4）可以通过网络接受升级和软件修复，而无须人工现场处理；

（5）不受网络活动的影响；

（6）在电力、光、热、水和气候等恶劣环境中安全可靠。

边缘设备遍布油气行业。在上游，边缘设备可能是一个正在钻穿岩石的钻机，一个储存液体的储罐，或者一口正在生产的油井。对于中游来说，边缘设备可能是一个将液体或气体沿管道输送的泵、一个用于发电的发电机，或者一辆运水的卡车。对于下游来说，边缘设备可能是无人零售点或丛林中的机场。

善于观察的人可能会注意到，现代智能手机的计算能力相当于20世纪70年代的超级计算机，而这是边缘计算的一个很好的例子。人们在实际工作中，比如检查资产，他们的手机提供网络连接、记录观察结果、存储数据、进行持续升级和阻止黑客的应用程序，以及大量其他好用的功能，甚至可以防水。

2.6.2 上游的边缘设备

在油气行业的所有细分领域中，上游领域是边缘计算的理想候选领域。杰伊·比尔斯伯格说，工人们一致认为："为什么我每个月都要爬上去校准这个笨重的旧仪表？数字仪表不仅会向我发送数据，而且不需要重新校准？"边缘设备之所以能在上游如此有效，原因有很多，具体如下：

（1）上游的许多活动区域超出了现代电信网络的覆盖范围，限制了云计算使用的范围。

（2）远程站点通常已经连接了数据采集与监控系统。用计算机对边缘设备进行监控的商业案例已经非常完善。

（3）机器学习等现代分析工具因在传感器在实时运行中生成的大量数据而得到广泛应用。上游边缘设备的早期示例已经涉及机器学习算法。

（4）边缘计算以更接近实时的方式，为一线管理人员提供了与现场实际情况有关的真实可靠信息，这当然比滞后六周的纸质报告要快得多。

（5）运营商已经看到了实际绩效的提高——现有资产的产量增加，每个作业井所需的人员减少，员工的杠杆效力提高，员工决策能力增强，而且生成的数据资产不会被主观篡改，保证真实有效。

（6）将人员派遣到边远地区从各种老式传感器和测量仪器中收集数据的成本很高，现在又由于碳成本和新冠肺炎疫情带来的压力而进一步提高。

边缘设备对北美地区数百万口油气井产生的影响可能超出想象。

2.6.3 边缘设备进一步成熟

为了成为主流，边缘计算和边缘设备需要克服油气领域的一些典型问题：

（1）电信覆盖范围。手机和手表等消费性边缘设备的设计目的是在没有网络的情况下轻松自如地进行计算，但它们最终还是需要网络才能更新、添加新功能和系统升级。油气边缘设备确实更偏好一直在线、可靠、低成本的网络，因为这些边缘设备控制着危险的石油产品。电信网络通常只能对偏远的油气田提供有限的覆盖，甚至没有覆盖。

（2）安全性。碳氢化合物属于非常危险的物质，而且该行业的特殊属性容易受到网络黑客的攻击，油气公司非常关注其业务的安全性。因此，边缘设备必须有安全保障。

（3）边缘监控。对边缘设备所做的工作保持警惕既是必要的，但也是一个尚未解决的问题。是否有用于监控边缘计算机的边缘设备？

（4）边缘设备管理。边缘设备的激增导致需要一个新的管理服务层来校准设备、进行维修和提供安装帮助。提供这些服务的管理协议和规定是什么？是否有一个新兴的服务行业来负责为边缘计算机提供支持服务？

（5）资本。尽管边缘设备在油气行业具有较高的产量、较低的成本和优化低碳排放等优势，但仍受到资本的约束。这可能会产生对新资本轻量化业务模式的需求，其中第三方为边缘计算提供资金，以换取改进后性能中的一部分份额。

（6）架构。边缘设备缺乏行业级架构，这迫使所有边缘计算服务需要自行提供边缘堆栈的所有层级，包括电信、总线、电源、安全、应用、传感器、数据结构、仪表板、用户界面、支持工具等。资源调配包括操作系统更新、应用程序更新、回滚、备份、单元测试和安全验证。这种模式就像一个带围墙的花园，导致数据采集与监控系统成本高昂。开放式架构有助于以较低的成本加速边缘设备的普及。

（7）文化。边缘计算可能带来一种失业的氛围。对于那些希望通过边缘计算改善业务的开明管理者来说，克服文化障碍大胆启用边缘计算必须放在议事日程的重要位置。

2.7 人工智能和机器学习

工业传感器领域产生的数据量巨大，需要新的工具来处理这些数据。这就促使人工智能、机器学习和高级分析在数字化框架中得到应用。

数据被输入人工智能平台或程序，然后人工智能平台或程序对这些输入数据进行处理和学习。拥有的数据越多，可以执行的任务就越复杂、越多样，相比人工分析，人工智能分析更快、更准确的优势就更加凸显。

在油气行业中，人工智能的成熟程度极为重要。由于数据丰富，油气行业是少数几个自然倾向人工智能的行业之一。人工智能速度更快，不需要休息，并且能够完成业内专家执行的初级分析任务。伍德公司的战略与发展总裁阿扎德·赫萨莫迪尼（Azad Hessamodini）就人工智能初期只能执行初级分析问题表示，"人工智能需要通过具体领域的大量专业知识来增强学习，才能达到较高的成熟程度。在此期间，人力工程师绝非多余"。

人工智能和机器学习的多种形式为处理各种数据和实现各种目标提供了途径。

人工智能有着悠久的历史，可以追溯到计算机自身的起源。阿兰·图灵（Alan Turing）在第二次世界大战破译代码的工作，即为机器学习方面的一些开创性代表[4]。计算机和人工智能的发展历史是紧密联系在一起的。个人电脑是由微软在20世纪80年代和90年代创造的，而人工智能研究是随着网络发展而产生的。最近的发展得益于计算能力的提高和敏捷DevOps的出现。

2.7.1 自然语言处理

自然语言处理是一种人工智能，能够"读取"文本并提取其中有用的信息。人类倾向于使用一些可预测的措辞模式。大多数人使用的单词都不超过几千个，因此对人工智能来说，阅读和理解人类的书面语言并不困难。

在商业和法律领域，这一点甚至更明显。法律文件、白皮书和合同都使用样板文本以及具体文件和行业的特定措辞。这种常见的模式让人工智能的处理、读取和解释变得很容易。

碳、资本和云

在油气行业，这种人工智能的应用示例有很多。一些公司正在使用这种能力来阅读和分析法律文件，无须人工参与。另外一些公司则使用人工智能在知识数据库中查找关键信息。还有一些公司正在利用人工智能来解释工程内容，以帮助编写更清晰的需求。

2.7.2　视觉分析

视觉数据的机器解释技术已经非常成熟。航空公司将行李标签设计成机器可读，行李则通过传送带送到飞机上。收银机扫描零售标签，以识别要购买的东西、重量、价格和折扣。即使是智能手机也能够立即识别二维码并执行相应的操作。

这些示例都依赖于人类发明的特殊符号——条形码、行李标签和二维码。这些符号的发明很有用处，但仍有一些地方没有实践应用的这些符号。

视觉数据捕获和解释系统正在迅速发展，以创建一种巧妙的新分析类别，用于处理数据。在油气行业，这些系统几乎能够"学会"识别任何东西，从大门处的入侵者，到现场的承包商或围栏处的野生动物，甚至可以识别必要的安全装置是否存在等。

传感器不仅限于可见光谱数据，而且能够检测不可见蒸汽的羽流（例如，逸出的气体或从管道针孔喷出的蒸汽），并确定蒸汽的成分。这项功能对油气行业非常有用。

机器人比人眼更可靠。操作人员需要上厕所、休息、休假，还需要培训和监督，人类很容易对查看未频繁变化的屏幕感到厌倦。

视觉分析简化了控制室的操作，改善了对操作环境的看管，提高了合规性，允许整合控制设施，减少了现场巡查需求，并减少了操作人员的数量。这意味着操作更安全、成本更低、生产效率更高。

现场服务管理是视觉数据解释技术的主要受益者。让我们设想一下一位已经签约为远程资产提供服务的监理工程师，通过视觉分析技术，系统能够通过自动打开和关闭阀门、记录到达和离开时间，以及能够监控现场活动、库存移动、液位、泄漏和蒸汽，来向这位监理工程师提供现场情况。这位监理工程师可以实现远程高效的办公（即同时为更多的油井提供监测服务）。

卫星和远程图像提供了更多的分析机会。卫星产生的视觉数据多达百万兆字节，要找到其中一两幅图像的要求远远超出人力范围。

企业家们正在研发能够叠衣服的机器人[5]。叠衣服真是太麻烦了。机器人需要区分裤子和T恤、正面和背面、宽度和长度、喇叭裤和七分裤。人类很容易做到这些，但机器人却很难做到。那么如何教机器人叠衣服呢？一种方法是让一个有经验的洗衣折叠机操作一组控制机器人手臂的控件，通过反复对不同的衣服重复执行相同的动作，从而使机器人最终学会这项工作。这就是人类主导的机器学习。

2.8 自主性和机器人

大多数人工智能算法只是简单的学习程序，只有在特定的情况下学习才会具有自主性。检查隧道的无人机就是一个很好示例，一旦进入隧道，无人机必须能够自动导航，传感器可提供真实环境数据，无人机根据数据采取行动，并选择"尽可能最佳"的飞行路线。这就是自主性：由算法和程序的"神经网络"赋能的操作。

数字技术的进步创造出各种自动化机械装置，或者至少可以在无人情况下对其进行遥控。

这些进步包括复杂的运算技巧、学习系统、传感器、数据网络、摄像头、机器人和数字控制器。这些技术不仅价格有所下降，而且功能强大，从而使大多数制造商以及越来越多的资源公司都能实现自主控制。

2.8.1 采掘行业和机器人

我本人非常欣赏力拓公司的机器人战略。他们在环境恶劣的地方运营着世界上最大的矿山，并开采各种各样的岩石、矿石、矿物和金属。在矿山部署超大型自动重型运输机方面，他们已走在行业前列。现在这一数字创新技术正在向世界各地的矿山扩散[6]。这些大型机器人在无人操作的情况下工作，包括在油砂行业。力拓公司发现，通过利用这些技术，成本和生产率都提高了20%~40%[7]。目前，机器人正在被用于钻孔爆破、空中雷场监测、地下和废弃矿井检查，以及矿床搜索等工作。

力拓公司并没有就此止步。他们在遥远的西澳大利亚运营着世界上第一条完全自主运行的铁路。这条铁路将开采的矿石从内陆矿山运输到港口，然后矿石在港口卸载，等待船只将其运往市场[8]。

完全自主的港口也已经出现，能够在无人操纵的情况下完成船舶装载[9]。幽灵船（机器人远洋船）正计划在全球贸易航线上穿梭[10]。据报告，这些创新技术实现了20%~70%的性能改善[11]。澳大利亚的资源出口港很可能在未来几年实现部分甚至是全部商品的自主处理，并实现下一代船舶的集成。

力拓公司的资源开采模式类似于自动工厂，全部由工业机器人在处理各项工作。大多数人都不愿意在炎热、危险和要求苛刻的地方工作，而少数愿意做这种工作的人则要求高额的薪水。目前在采矿行业努力的方向并不是让人类的工作更安全，而是改变工作模式，让人类完全远离危险。

现在我们将采掘行业与油气公司及其供应商进行比较。在招聘人才后，公司会花一大笔钱对人员进行培训，以避免他们在工作中受伤。在改善安全、开展安全培训和衡量安全绩效方面花费的时间和金钱数量惊人。行业内有大批安全监督员、安全设备销售商、安全标准机构。行业内甚至盛传，想要为项目获得资金，只要声称安全性或可靠性很高即可。

这就好像我们在进行一场没有人能赢也没人愿意付费的安全军备竞赛（就像在您的账单上添上一笔5%的安全费用，然后让客户买单一样）。数字化是促使油气行业迅速转型的关键，但是该行业过于直白地讲述了数字化费用的付费方式，导致资本投入意愿不强。

更加精通数字技术的新兴一代将很难理解为什么在机器人可以做饭、飞行、驾驶、手术、巡航、洗房、叠衣服的时代，我们仍然在使用需要人工操作的挖掘机。新兴一代将不遗余力地反驳机器人夺走工作机会的论点，实际上机器人为人们创造了更多、更好的工作岗位。

实际上，开始使用机器人并不是一件很难的事情。

2.8.2　入门级机器人

网关机器人技术被称为机器人流程自动化（RPA）[12]。机器人通过"录制"按钮来复制击键、鼠标点击和窗口导航等动作，执行各项任务，优化自身，并重复任务，同时每次都能提高效率。他们可以自行编写代码、执行代码，最后随着时间的推移优化代码。

早在2001年，RPA就以一种引人注目的方式首次出现在线上计算机视频游戏领域。"电脑控制的玩家"通过记录重复进行的击键和鼠标移动，执行诸如收集武器和盔甲、换装和设置游戏开关等平常任务。这些机器人的动作速度比人类要快得多，而且它们在这项工作中表现得非常出色，以至于被禁止使用，因为对于其他玩家是不公平的[13]。

机器人将生产效率提高80%～90%（计划仅为60%）是很常见的情况。伦敦经济学院对已发表的机器人流程自动化案例研究报告进行了回顾，得出的结论是，投资回报率在30%～200%[14]。在我们所认为的高价值工作中，高达75%的工作实际上是重复性的常规工作，可以通过RPA完成。事实上，正如约翰·皮莱所言，"首席财务官最可靠的筹码就是RPA。"

RPA机器人由两种数字技术构建：一种是称为CAP的机器学习平台，另一种是统一测试管理系统（UTMS）。CAP从某些来源（文本、视频图像、表单、截图等）获取数据，重新构造数据，并输入UTMS中，由UTMS使用其应用算法进行运算。由于配置速度更快，所以设置机器人比实现其他系统要快得多。

以下是RPA应该能够产生影响的几个与油气业务有关的领域：

（1）财务。一些油气公司的财务管理工作占用了多达10%的员工。RPA将在应付账款发票处理、税费计算、现场票据获取、特许权使用费处理和付款、生产核算、财务结算流程和报告编制等方面发挥优势。一些网站报告称，RPA已将处理发票花费的时间从20分钟减少到45秒。科里·伯格（Cory Bergh）认为，"通过三种解决方案，您可以让财务领域的几乎所有事情都实现自动化：RPA、电子工作流程和商业智能报告。"

（2）人力资源。油气公司虽不像银行拥有数千名员工，但企业内众多的员工人数也足以让公司考虑在人力资源领域实现行政工作自动化。处理请假申请、处理入职申请、更新工资记录和一般人力资源报告都将是适合的应用场景。大型国际石油公司使用的共享服务中心都可以依赖机器人操作。

（3）运营。各家公司都有大量重复性的工作，在 SCADA 和 Excel 之间传输数据，如记录产品、报废率、排放、水处理、能耗等数据。随着运营过程中添加的传感器越来越多（详见前一节中与工业物联网有关的内容），处理所有数据的负担将推动更多的数据捕获和分析，这可能得益于 RPA。勘探分析、钻井优化、生成合规报告和运营报告等也是应用 RPA 的合适场景。

（4）供应链。合同和采购职能部门仍然在很大程度上控制着油气公司的支出，为防止成本快速上升，他们引入了众多繁琐的流程。RPA 能够在采购订单生成与处理、支出批准、供应商管理、目录管理、库存记录保存与报告等方面提供帮助和改善。

2.8.3　机器人发展前景

在制造业，机器人的存在已经司空见惯。因为在这些行业，机器人的运动范围相对简化，灵活性要求不高，且环境受到严格控制。与此类似，油气行业在地下、空中和一些虚拟环境中开始使用机器人。我预计虚拟机器人的使用将在今后几年内显著增长。所有可能成为目标的陆地活动都有着广阔的开放边界，但在自主工具变得更善于在陆地导航之前，它们会带来许多油气公司认为不可接受的风险。

▶ 2.9　云计算

在油气行业的某些领域，云计算已经是默认的配置，人们假设云计算是首选平台，已经是基础设施的关键部分。根据阿扎德·赫萨莫迪尼（Azad Hessamodini）的说法，"云平台已经成为约定俗成的东西了。没有云，将无法进行机器学习。"

2.9.1　云带来的益处

云所带来的好处现在已经远远超过了成本。

（1）提高了敏捷度。海量云数据中心能够可靠地提供几乎无限量的计算负荷和数据存储容量，几乎可以即时解决任何可能存在的计算问题。可处理以百万兆字节为单位的数据集，同时运行复杂模型的多个版本（例如，炼油厂线性规划模型），快速组装一个高度可扩展的系统来处理紧急情况，再也不需要申请资本支出来扩建数据中心，也不需要花数月时间等待服务器完成生产。

（2）更好的安全性。将数据和计算机能力集中到移动设备中肯定会吸引网络罪犯。但事实证明，这些密集的设施在安全管理方面更有效。部署应急措施来应对威胁，立即将威胁传播到网络中的其他设施上。漏洞能够更快地被识别和修复。补丁管理工作也得到简化。

（3）更高效率。大型云服务中心更高效。当谷歌对数据中心的能量分布进行人工智能分析时发现，根据温度条件在大厦中部署数据中心的能耗不同[15]。将中心负荷转移到大楼背阴一侧（减少空调需求），意味着可以节省40%的能源费用。云运营商设计自己的服务器和场地，以降低成本，同时设计自己的管理软件、备份和恢复解决方案以及优化措施。轻量装备可以快速部署以满足需要。

（4）成本效益。选择云服务并不总是比运行自己的数据中心更便宜，尤其是已经达到一定规模的公司。数据中心的主要成本是电力和人力，而且，通过选择适当的设施安置地点，可以利用较低的电价和劳动力来节省成本。然而，牺牲了按需使用容量所带来的益处，响应能力会降低，并且也会遇到安全问题。而且，效率也受到所购买的管理软件的限制。

2.9.2 伟大赋能者

云计算是众多创新技术的关键推动者，例如边缘设备。虽然最简单的边缘计算设备只是一个单独的、安静的运行设备，但该设备需要更新（可能经常更新，因为需要保持最新的安全补丁）。与智能手机APP从服务器接收更新后的应用程序一样，边缘设备也通过云来接收更新内容。

虽然单个边缘设备肯定会增加价值，但只有在来自多个边缘设备的数据被组合和分析时，机器学习才会变得非常强大。此时，云是聚合数据、容纳算法和提供分析的平台。

在早期，云服务主要是一个商业IT问题。但现在已远非如此，云计算也适用于运营。

2.9.3 云并非无处不在

各国家和油气公司难以获取平等的云计算优势：

（1）云计算的成本效益来自于将许多小的需求聚集到非常大的设施中。这个公式在需求已经高度集中的地方不起作用。

（2）国家石油公司会对在云数据中心保存与石油公司运营有关的国家敏感数据感到担心。

（3）一些国家石油公司对竞争压力、碳敏感度和资本市场审查不太敏感。

云计算并非是所有情况下的万全之策，但它是数字世界中架构选择的默认起点。

云服务将继续深入油气行业，这是不可避免的。云服务的成本和功能很诱人，为油气行业提供产品的软件公司正考虑在未来部署云的可能性，而此行业的大多数创新都将基于云的可用性。

颇具吸引力的未来市场包括操作技术或数据采集与监控环境。这些技术或环境通常与商业IT环境分开运行，但也越来越数字化，越来越向云靠近。案例分析中的一家公司已经实现了这一未来的场景。

▶ 2.10 区块链

分布式账本技术也称为区块链，是一种数据库技术，于2008年首次被描述为一种在相互不信任且没有中央代理提供信任的各方之间维护记录的方法。区块链数据库包含按时间顺序记录的交易（记录）。区块链数据库被复制到许多不同的计算机上，这些计算机使用复杂的加密和数学手段来更新数据库（通过协商一致），并确保交易不会被篡改。

比特币是比较突出的区块链案例，吸引了许多投资者。但区块链还有很多其他用途，例如可以在油气行业中通过降低成本、消除纠纷和发现欺诈来创造价值。应用领域包括供应链管理、可追溯性、交易简化、合同自动化和碳信用管理等。

2.10.1 区块链简化

想象一下我们都熟悉的经典买卖关系。我卖书，您买书。我们商定单价、购买数量、交货条款（装运地址、装运方式）和交货日期。作为一个普通人，我会在电子表格（或账本）上记录这些细节，其中包括您的姓名和地址、购买数量以及所有其他细节。

由于您的记忆力可能不太好，或者可能是因为您不太信任我，您会在自己的电子表格或账本上写下同样的细节。现在我们都在维护相同的数据，但在不同账本中。我们中的任何一方都可能写错交易细节，这可能会在以后造成一些混淆（例如，到底是10本还是12本呢？）。

我们依靠许多管理机构来跟踪一些关键账本（例如，银行管理账本、政府负责管理税单、证券交易所跟踪交易）。

现在，我们把这几个步骤串在一起。在您下达买书订单后，我向亚马逊下达印书订单，然后亚马逊向卡车运输公司、空运公司和快递公司下订单，最终将书籍交付给您。每一方都有自己的账本来记录他们在交易中的细节。每本账本都可能包含错误，或与其他账本存在差异。

如果所有这些分类账能够始终精确对齐，消除混淆和错误的可能性，而不需要像银行这样的大型中央机构，我们就可以消除处理不可避免的错误和混乱所需的大部分成本。

区块链就是这样做的，创建了高度可信的数据，而无需庞大、昂贵且脆弱的中央机构。交易被分组到各个区块中，进行加密，然后在一个大链中以数字方式彼此连接。区块链同时位于多台计算机上，且所有链均必须相互匹配。这样的结构是高度安全的，因为破坏它意味着需要同时破坏大多数链。

区块链在油气行业中有很大的潜力，尤其是在后台。科里·伯格（Cory Bergh）表示，"油气行业后台的大量工作是协调不同系统中信息之间的差异。共识协议解决了这一问题，而区块链是共识协议的完美工具。"

2.10.2 大宗商品转运

对北美上游行业而言，运水是一个大问题。水力压裂、制备蒸汽和注水作业中都要用到水。水是在油井中自然产生的，在压裂和蒸汽处理完成后，水会回流。受污染的盐水需要在特殊地点进行处理，油气公司需要对每一滴水负责。地方政府密切监控水资源。开票和对账基本上是人工进行的，合规情况也是公司自行上报的。仅在北美，每年就有一亿多辆次的卡车用来运水，监管者希望精确、频繁、准确地记录水处理情况，并对屡次违规者处以罚款或停产等惩罚措施。GumboNet 是一种基于区块链的解决方案，可简化运水过程中成本高且效率低的问题。最终，包括化学品、沙子和燃料在内的其他大宗商品，甚至是设备的运输都可采用这种方式。

2.10.3 交易简化

区块链最早使用于石油交易领域，该领域涉及大量的运输。石油（汽油、柴油、航空燃油）的交易很棘手，因为相关产品都受到高度监管、产品价值高、完全标准化、质量敏感、易于混合、可替代强且体积庞大。由多方（罐区、驳船、油轮、管道）经手，并且物权在旅途中经常转移。跨国交易频繁，产生大量的税收和关税，产生的文件繁多。

VAKT 是一种基于区块链的行业各方之间贸易关系的重新构想。

2.10.4 产品认证

为了确保产品质量，炼油厂都设有实验室，每年处理数千份样品，以确认所购买的石油和精炼产品符合监管和行业规范，并在运送给客户时跟踪这些样品。标签错误、信息丢失、样本放错位置或样本与其文档脱节的情况经常发生，从而导致了大量的样品追踪工作。

雷普索尔公司推出了一个名为 BlockLabs 的区块链解决方案，以改变这一流程[16]。BlockLabs 建立在 MaRCO 平台上，该平台来自 Finboot 公司（一家在伦敦、加的夫和巴塞罗那都设有办公室的科技公司）。

2.10.5 支出授权投票

支出授权（AFE）是批准项目资本支出（例如，油井或基础设施投资）的过程。如果一个项目有多个可能的参与者，则确保各方达成协议的过程称为投票。

联合作业协议（JOA）的牵头作业者准备支出授权投票草案，以发送给其他参与者。AFE 草案按每个参与者的权益比例，列出每个参与者的计划支出额。表决票具有约束力，并采用手签、专人递送的挂号信形式。这一过程耗时、浪费纸张、成本高昂、花费人力，而且容易发生争议。GuildOne 正在与 Blockchain for

Energy（位于美国的能源财团）合作解决这一问题[17]。

2.10.6 区块链前景

区块链的未来前景广阔。早期案例显示出了相当可观的降本效果，且解决方案所涉及的领域几乎肯定是现阶段最容易应用的领域。待开发的领域存在更大机遇。

区块链协议也将采用少代码、无代码的技术理念，这将简化其采用过程。下一代解决方案将非常易于使用，并可在所有平台上操作，从而进一步确保分析师无须成为区块链的资深专家。

最终，将出现各种各样的区块链数据库设计，每种都针对特定类型的问题。一些公司将专注于高容量但低数据量的密集型应用，如比特币。其他公司将瞄准智能合约的机会。政府将采用不同的区块链数据库来满足注册、签约和合规需求。因此，公司应该预见到，他们可能会加入多个区块链解决方案，使区块链协议严格标准化的尝试可能不会获得成功。

虽然区块链解决方案本身具有极高的经济性，但它们的真正潜能是通过与其他技术结合来实现的。例如，通过使用区块链不可更改性记录来自边缘设备的机器生成的数据，就能够让该边缘设备及其所记录数据实现受信任。工业界正是寻求这种进步，以实现分布式碳源和碳汇的脱碳。

随着基于区块链的解决方案大量涌现，各种区块链结构之间相互操作的需求就应运而生。区块链提供商需要将开放标准和API纳入其设计中。

2.11 企业系统

数字基础的最后一层是企业系统，包括三类在业内普遍存在的数字解决方案：网络安全、平台、应用程序。

2.11.1 网络安全

与油气行业一样，网络犯罪分子也正从数字技术的进步中获益。数字世界中的大部分都基于开源技术，这是创新的推动因素，包括那些怀有敌意的"创新"。数字解决方案通常是共享的，任何人都可以访问。应用程序，包括与病毒有关的软件代码，都可以免费或廉价获得，这表明它们的制作成本很低。计算机编码语言非常容易学习，而使这些应用程序具有吸引力和让人轻度上瘾的技术也被广泛分享。大约40年前，我的一门大学课程是指导学生如何制作自我复制的软件，而这也正是计算机病毒的一个关键特性。

能源制造和分销领域中这些常见的数字技术为恶劣的网络活动开辟了一个乐园。2021年春发生的美国成品油管道运营商Colonial Pipeline遭勒索软件攻击事件表明，能源基础设施在网络威胁面前是多么的脆弱。

2021年5月7日，在一次勒索软件攻击事件中，Colonial Pipeline公司的系统被网络犯罪分子成功破坏[18]。管道被停用了多日，导致美国东海岸出现油气价格飙升、抢购和供应短缺等情况。与许多公司一样，这家管道运营商拥有一个虚拟专用网络（VPN）账户保存着的少数登录凭据，该账户允许员工和承包商远程访问公司的系统。在暗网的缓存中发现了犯罪分子的登录ID。犯罪分子的登录ID是在暗网上泄露密码的缓存中找到的。

出于各种原因，更为广泛的网络攻击已具备成熟的条件：

（1）我们越来越依赖现代5G无线网络连接，但世界上许多国家仍在2G（一种古老、脆弱的电信标准）下运行。无线网络可能在源头和数据传输过程中遭到黑客攻击。

（2）我们正在许多设备上添加各种各样的传感器，这为网络犯罪分子提供更大的攻击面。

（3）我们正在对系统进行互连，这导致病毒能够更快地传播，犯罪分子能够更快地进行访问。应对威胁的响应时间正在缩短。计算机病毒现在比人类病毒传播得快得多。添加、完善补丁的任务艰巨，网络攻击都是针对未加补丁的设备实施的。

（4）我们正在为传统基础设施添加互联网链接。这些传统装备在设计之初并未预见到现代的复杂网络环境，因而缺乏修复能力，甚至无法监控网络活动。

（5）我们正在掀起一股全新的创新浪潮，包括自动驾驶与无人机、智能制造、智能城市、元宇宙、数字农业。这将以我们尚未完全理解的方式增加网络犯罪的机会。有远见的罪犯已经在为这个利润丰厚的新乐园做准备。

不幸的是，从商业角度看，网络攻击活动是有回报的，而且回报丰厚。在美国，每天都会发生数千起勒索软件攻击事件，平均支付的勒索金额超过13000美元。由于被抓住的可能性低和处罚过轻使得网络攻击市场不断壮大。

美国国土安全部密切关注网络活动，并认为，2015—2019年期间，超过50%的网络攻击都是针对能源（电力、石油和天然气）基础设施，而并非针对银行。许多网络活动源于国家行为体，这些行为体出于破坏整个经济稳定的原因，而非纯粹盗窃金融资产。

受害者遭受的损失远远不止所支付的赎金，还包括紧急/意外攻击补救支出、分心经营而支出的成本、运营中断成本、品牌损害成本、客户叛逃成本，以及潜在的监管处罚成本。在与我进行谈论时，RigNet公司的专家们估计，一次成功的能源行业攻击的平均恢复成本超过1700万美元，是其他行业平均成本的5倍之多。

过去用于管理网络活动的轻量级的以人为中心的工具不再能够胜任管理和抵御攻击任务。由于公司拥有数千个接入点、传感器、设备、网络和工业资产，每一个都是潜在的攻击目标，因此需要利用各种新工具来应对不断增长的网络攻击活动。

业内领先的公司通过应用最新的数字工具（包括人工智能、机器学习和机器人）来应对网络攻击活动。由此产生的斗争意味着犯罪分子利用人类创造力、人工智能工具和机器人与行业内训练有素的技术团队、人工智能工具和工业机器人进行抗衡。这场冲突就像发生在以太网中的猫鼠对峙，猫必须对老鼠的每一个动作做出反应。

考虑到环境的复杂性，如果您的公司还没有将下文中列出的行为和数字工具带到战斗中，那么您就像是在用餐刀进行战斗。

（1）您的董事会对网络问题非常感兴趣，定期举办网络主题教育课程，并每季度听取安全专家关于网络活动的简报。

（2）员工教育方案包括网络意识培训，其中重点关注无保护设备、网络钓鱼攻击和欺骗的危险。公司可开展网络钓鱼攻击演习，可以发现注意力不够集中的员工。

（3）风险审查委员会将网络风险与运营风险一起标记为高可能性和高影响度的风险。这样，网络防御就得到了组织的一些关注。

（4）所有数据、设备、传感器和数据流都默认必须进行加密。由于量子计算影响数字资产只是时间问题，最好至少对其进行加密。

（5）特别敏感的功能，例如加密，由硬件处理，这样可迫使黑客需要进行物理访问才能进行有效攻击。基于硬件的加密还减轻了网络端的开销负担。

（6）无须睡觉、始终保持学习的人工智能和机器人参与监控数字环境，以检测入侵者、隔离入侵者、击退攻击并消除各种网络威胁。

（7）从组织角度，网络专业知识是独立的，以实现数字资产标准、测试和监控的独立性。服务运行一个持续的渗透测试程序，以检测需要纠正的漏洞。

（8）第三方、供应商和承包商对公司数字资产和资源的访问需要有时间限制。

工业中有多种军备竞赛：一种是安全军备竞赛，各公司疯狂投资，以保护其员工免受一切可能的伤害。另一种是网络军备竞赛，我认为这种竞赛不会结束，并且看起来很有可能长期进行下去。而且，随着犯罪分子的回报（以及企业遭受的成本）增加，这场竞赛正在升级。

2.11.2 平台

我在石油行业的第一份正式工作是在帝国石油公司。在那里，我负责运维一个名为CORPS公司的系统。大公司都喜欢用缩写，虽然我想不起来CORPS到底代表什么，但我清楚地记得它存在的原因：为了节省数据中心安装和拆卸磁带的时间。这也是我第一次接触平台技术。

CORPS是一个中间件或中间件系统。当时，在企业资源规划（ERP）技术出现之前的时代，帝国石油公司拥有几个主要的商业业务系统，处理产品移动的各个业务。这些系统分别向许多其他系统提供数据。数据从一个系统到另一个系统的传输造成了一个棘手的集成问题。CORPS试图解决这个问题，将所有输入汇总到一个巨大的主文件中，然后生成所有单独的数据输入。它比单独运行所有数据传输要快得多。

事后看来，CORPS解决了一个多对多的问题。大量数据输入到大量数据输出会产生巨大的成本，因为每个数据供应商都需要与数据消费者保持单独的连接。对任何一个系统的更改都会对许多其他系统产生连锁反应。

现代数字平台非常擅长解决多对多问题（例如，交易平台可以帮助买卖双方找到对方并进行交易）。亚马逊将大量客户与大量商品供应商进行匹配。爱彼迎将拥有住房的一方与需要短期住宿的旅行者进行匹配。优步将汽车司机与客户进行匹配。平台通常通过连接大量交易对象来获取网络效应。

不出所料，油气公司也已经发现了一些为其各种业务创建交易型平台的可靠机会。

2.11.2.1　二手和闲置资产

油气行业中的资本项目经常购买超出实际需要的技术和设备。这使得油气行业拥有了应对设备损坏风险的零件和备件库。例如，有些项目的交付周期很长，如果订购的设备由于某种原因损坏或无法使用，则整个项目将会由于等待更换件而延迟。手头有第二件未损坏的物品可能有助于项目如期进行，但可能会导致项目结束时有库存需要处置。

由于下列原因，这些存货很难清算：

（1）买家希望其购买的设备要有保修，而卖家可能无法提供。

（2）卖家很少能够像商人那样为多余货物提供产品目录、照片和价格表。

（3）多余库存可能位于偏远地区，从而带来物流负担。

（4）销售前需要检查闲置货物的状况。

（5）对于物品的规格需要准确的、最新的记录。

脸书上已经出现了用于处置油田库存的页面，而且真正致力于解决这一问题的数字初创公司正在涌现。

2.11.2.2　服务

另一个平台示例是服务。上游油气资产（油井和设施）需要数千家供应商提供大量服务。供应商的位置非常重要——如果太远，进场成本和安全风险就会上升。获得服务的紧迫性会使竞争性报价过程受到忽略，从而导致成本过高。各种资产所需服务的性质差异巨大，使得价格发现过程变得非常复杂。缺乏对地区内服务总体供需情况的了解会导致了市场失衡和成本偏高。

对于这种情况，一个解决方案就是创建一个内部平台，利用采购系统来优化公司内部的支出。Salesforce 和 ServiceNow 等产品均可满足这一需求。

另一个解决方案是外部平台，由该平台将服务与需求汇聚在一起，并努力优化服务对需求的分配模式。最终，有了足够的数据和足够的参与者，新的分析工具可以为一个地区的总体服务需求带来增量价值。

2.11.2.3 信息

与 CORPS 系统类似，针对公司各种用途解决多个数据源和多个数据供应者问题的平台解决方案已经出现。鉴于所使用商业软件包的多样性、数据源的广泛性（ERP 系统、活页夹、PDF、数据湖、电子表格、数据记录仪系统）以及数据的众多独特内部用途（油井规划、资本预算、地质分析、环境研究），上述系统主要存在于油气行业的上游领域中。一旦来自众多不同来源的数据在单一分类法下得到协调、统一，并进行了适当的组织，就可以通过编程创建新的工作流程和业务逻辑来直接处理数据。分析数据可视化的新方法有助于加速决策。

值得注意的是，这些信息平台演变为云服务平台，这些平台并非本地技术，且具有采用迅速、降低拥有成本、提高安全性的特点。

平台价值已经不容忽视，且随着碳追踪等问题需要解决的压力越来越大，针对具体行业的平台将突显，价格也将越来越便宜。

2.11.3 应用程序

目前，思爱普公司、甲骨文公司和微软公司等企业的系统已经广泛应用于油气行业，是商业界的真正主力军。没有它们，产品就无法交付，货款就无法收回，员工就无法获得报酬，财务数据也可能不准确。与这些巨型系统交织在一起的还有数百种其他的解决方案，每种解决方案都发挥着自己的优势。一旦安装，通常就会终身使用，因为转换系统的成本通常大于获得的收益。

不出意料，企业系统已经迅速接受了数字技术，因为这些系统也广泛部署在比油气行业受数字技术影响更大的行业中。

云赋能：基于浏览器的 ERP 技术版本可以追溯到 21 世纪初。PeopleSoft（2004 年被甲骨文公司收购）在 2000 年摇身变为一个网页浏览器解决方案，并将其定位为云计算的未来。思爱普公司也于 2004 年发布了一个网页版本。

集成与应用程序编程接口（APIS）：企业系统的设计一度打算将客户锁定在其封闭的功能模块中，并阻止来自外部的不可靠数据。如今，ERP 系统提供应用程序编程接口集合，以便更好地与第三方系统集成。虽然目前该技术有待完善，但肯定优于定制开发的集成方案。

智能支持：如果加以妥善利用，智能产品（边缘设备、移动性、应用程序、传感器）能够开启许多新的智能商业解决方案，从智能手机即时支付，到实时库存查看，再到供应链随时跟踪。

强大安全性：其巨大的安装量意味着安全功能（例如，多因素身份验证）的巨额成本可以在全球客户群中分摊。这样，单个客户的安全成本就非常低。

深度分析：凭借其内部的大量数据，企业系统展示了人工智能和机器学习等分析服务的威力，扩大了影响。

高级功能：企业资源计划系统内置了区块链支持等功能，这将缩减部署时间和成本。

第三方应用程序：就像苹果创建应用程序商店，允许第三方软件开发人员在苹果生产的产品之外创建创新产品一样，企业资源计划供应商也允许第三方应用程序直接与他们的产品对接。

在我看来，这些企业解决方案在未来会变得更加重要。因为其拥有大量机器人和基于高质量数据自主性，它们在海量数据的工作中表现出色，均摊到每个用户的成本很低，非常适合于油气行业。

▷ 2.12 关键结论

数字创新正在迅速发展，并在油气行业中得到了不同程度的应用。下面列出了通过对数字技术前景进行简要调研而得出的一些关键结论：

（1）数字化框架——业务能力、数字核心和数字基础——是一个非常有用的工具，能够帮助理解为什么数字会融入技术、流程和人员中。

（2）数字核心——包括数据、物联网、人工智能和自主——可无限配置，以创建标志性工作方式。

（3）数字基础——云计算、区块链、企业系统——就像桌子的脚。没有它们，您就无法上桌。

（4）业务能力——敏捷法和用户体验，以及稳健的变更管理——是从流程角度拥抱数字化的手段。

（5）即使是油气行业中的运营系统，从远程设备到传统控制室，也可以从数字化进程中受益。

（6）数据库技术是油气行业运营和管理的核心。

参 考 文 献

[1] Gordon E. Moore, "Cramming More Components onto Integrated Circuits," *Electronics* 38, no. 8（1965）: 4.

[2] Carl Shapiro and Hal R. Varian, *Information Rules: A Strategic Guide to the Network Economy*（Boston: Harvard Business Review Press, 1998）.

[3] Robert U. Ayres, "Barriers and Breakthroughs: An 'Expanding Frontiers' Model of the Technology-Industry Life Cycle," *Technovation* 7, no. 2（May 1988）: 87-115, doi.org/10.1016/0166-4972（88）90041-7.

[4] Andrew Hodges, *Alan Turing: The Enigma*（London: Burnett Books, 1983）.

[5] Evan Ackerman, "Is There a Future for Laundry-Folding Robots?" IEEE Spectrum, April 29, 2019, spectrum.ieee.org/automaton/robotics/home-robots/is-there-a-future-for-laundry-folding-robots.

[6] "Rio Tinto's Autonomous Haul Trucks Achieve One Billion Tonne Milestone," *Rio Tinto*, January 30, 2018, Rio Tinto, riotinto.com/news/releases/AHS-onebillion-tonne-milestone; Deborah Jaremko, "Canadian Natural Planning Test of Autonomous Oilsands Heavy Haulers," JWN Energy, March 1, 2018, jwnenergy.com/article/2018/3/1/canadian-natural-planning-test-autonomous-oilsands.

[7] Kevin Smith, "Rise of the Machines: Rio Tinto Breaks New Ground with AutoHaul," *International Railway Journal*, August 9, 2019, railjournal.com/in_depth/rise-machines-rio-tinto-autohaul.

[8] Kevin Smith, "Rise of the Machines."

[9] Clement Ruel, "Autonomous Shipping Ports," Global Infrastructure Hub, December 9, 2020, cdn.gihub.org/umbraco/media/3596/42-autonomousshipping-ports.pdf.

[10] Nick Savvides, "Revolution for Inland Shipping Depends on the Success of the Yara Birkeland," *FreightWaves*, June 6, 2019, freightwaves.com/news/revolution-for-inland-shipping-depends-on-the-success-of-the-yara-birkeland.

[11] Ruel, "Autonomous Shipping Ports."

［12］Clint Boulton,"RPA Is Poised for a Big Business Break-out," *CIO*, June 12, 2019, cio.com/article/3269442/software/rpa-is-poised-for-a-big-business-break-out.html.

［13］Wesley Yin-Poole,"Blizzard Bans 74,000 World of Warcraft Classic Botters," *Eurogamer*, June 18, 2020, eurogamer.net/articles/2020-06-18-blizzard-bans-74-000-world-of-warcraft-classic-botters.

［14］Mary Lacity, Leslie Willcocks, and Andrew Craig,"Robotic Process Automation: Mature Capabilities in the Energy Sector," The Outsourcing Unit Working Research Paper Series, London School of Economics, October 2015, 19.

［15］Richard Evans and Jim Gao,"DeepMind AI Reduces Google Data Centre Cooling Bill by 40%," DeepMind, July 20, 2016, deepmind.com/blog/article/deepmind-ai-reduces-google-data-centre-cooling-bill-40.

［16］"Blockchain Technology for the Energy Sector," Repsol, 2020, finboot.com/post/blockchain-technology-for-the-energy-sector.

［17］GuildOne,"GuildOne's Royalty Ledger Settles First Royalty Contract on R3's Corda Blockchain Platform," GlobeNewswire, February 14, 2018, globenewswire.com/news-release/2018/02/14/1348236/0/en/GuildOne-s-Royalty-Ledger-settlesfirst-royalty-contract-on-R3-s-Corda-blockchain-platform.html.

［18］Raphael Satter,"Colonial Pipeline: What We Know and What We Don't about the Cyberattack," Reuters, May 10, 2021, globalnews.ca/news/7848118/colonial-pipeline-cyberattack-what-we-know.

3 业务模式转型

你肯定不愿看到，由于设计方式的陈旧，新资产快速变成了旧资产。

——Cory Bergh

NAL 资源公司副总裁

数字化创新既可以体现在琐碎的事上（例如苹果手表提醒我洗手时间应持续 20 秒），也可以是意义深远的（我放弃了面对面零售购物，转而变成在线订购）。对于董事会和高管来说，应始终保持居安思危的思想，一个全新的业务模式可能会在不经意间形成，并突然出现，颠覆长期存在的商业模式。本章将讨论数字技术所带来的新的商业概念与模式将如何重塑油气行业。

▶ 3.1 颠覆性的成功模式

我清楚地记得我第一次使用优步（Uber）的体验。那次我在澳大利亚的珀斯（Perth）和一位同事出差。我们刚刚结束了一个 1 小时的会议，这个会议是在为与接下来的客户会议做准备。

"需要我叫辆出租车吗？"我问道。

"不用担心，伙计，我已经订了一辆 Uber。"他回答说。

我们刚刚才结束讨论，这怎么可能呢？他没有机会打电话。几分钟后，我们登上了一辆干净得令人难以置信且没有标志的车，我们没有告诉司机目的地就出发了，只是就天气和板球与司机交谈了几句话，当司机把我们送到目的地时，我们甚至没有付钱就离开了。

这次体验颠覆了我对出租车服务的所有认识，从如何预订到如何付款。作为一种业务模式，Uber对出租车行业产生了深远的影响。第一个有记录的出租车服务可以追溯到17世纪，出租作为短途交通工具的业务模式自在伦敦诞生以来几乎没有发生过根本性的变化。

我曾经天真地认为，现代石油和天然气行业只有一种业务模式：勘探寻找资源，经济性地开采油气，炼化油气，变成有价值的产品并销往全球市场。在过去的100年里，国际和国内的综合石油公司不断完善这一模式，使我们能够利用的能源资源比饮用水更丰富，成本更低。

在这种大的商业模式中隐藏着无数较小的商业模式。炼油和天然气加工是连续生产业务。新油田（Greenfield）的基础设施建设是非常大型和复杂的建设项目。世界上最大的零售连锁店属于一家石油公司。石油和天然气所涉及的资金总额可以接近一家大型银行。从一个高度分散的供应链中安排服务，类似于组织一个电影的制作。将成品分发到地球上的每个角落是一项非常复杂的物流管理工作。

在过去20年的大部分时间里，这些内部隐藏的、不明显的业务模式一直稳定地运行着。在一些情景下，保持稳定的时间要更长。炼油厂基本上都连续运营了30年，而且大多保持了其最初的设计。除了零售资产，石油和天然气设施也很少被彻底改造。诚然，此举是为了尽可能长时间地保持最初的设计。当经济衰退时，资产会被出售、油井会被废弃、炼油厂则会被改造成储存场所。

新的视角往往能让人们关注业务模式可能发生的变化。例如，对丰田的一名生产工程师来说，钻一系列的天然气井看起来就像一条反向汽车装配线，工人和他们的工具四处移动，而汽车停在一个地方；对于好莱坞制片厂来说，将制片厂内的数据分发到资源所有者的范围之外与电影流媒体非常相似；对于生产有机农产品的农民来说，如果有可能生产有机番茄酱，那为什么不能为农场提供一种品牌的可持续柴油呢？

多年来，我已经间接经历了一些影响石油和天然气行业的商业业务模式变化，但这些变化几乎完全是由资源开发驱动的。加拿大为了利用其巨大的油砂资源，果断地改变了石油工业。水力压裂和水平井钻井的结合释放了美国巨大的天然气资源。澳大利亚之所以成为世界上最大的天然气出口国，部分原因是因为它利用了邻近亚洲的优势，并想出了用瓦斯煤赚钱的办法。一直缺少的是非资源类转型的业务模式，如爱彼迎（Airbnb）、网飞（Netflix）、优步、谷歌和特斯拉，它们已经影响了许多行业的市场。

对于已建立的业务模式提出有效挑战的方法之一是识别找到基本规则、规范和假设，并找到创造性地，可以打破这些规则的方法。

3.2 根深蒂固的传统观念

想象一下你自己在很久以前，那时的生活异常艰难，危险无处不在。为生火取柴而外出时，你突然遇到了一些野生动物。你的生存取决于你大脑的原始部分（即杏仁核）来帮助你发现并立即对这种情况做出反应：它让你的身体充满肾上腺素，提高你的心率，并触发更高阶的过程来帮助你决定是对抗威胁还是逃跑。

时刻保持高度警惕需要耗费大量能量，因此作为一个学习型生物，最终你会发现某些环境（比如黑暗的洞穴或高草），有时会隐藏着危险。你学会了避开这些潜在的威胁，从而降低警惕，减少能量消耗。最重要的是，你教给后代同样的救命法则。

这些规则是每个人都信奉的生活原则或指导方针，没有人会真正质疑或提出疑问，因为它们通常是可靠的。例如，当我的孩子们长大后，我仔细地教他们不要和陌生人说话或进入陌生人的车（这是我们那个时代的规则）。这条规则的基础是我担心他们可能会被绑架。我可能会试图向我的孩子解释这条规则背后的逻辑，但你怎么能指望一个六岁的孩子理解绑架的含义呢？他们真的能明白吗？

而现在，使用Lyft（来福车叫车软件），我的孩子们不仅打电话给陌生人，还会坐上陌生人的车。

试想一下出租车行业的所有方面，以及共享乘车的业务模式是如何在短短几年内颠覆我们所信奉的宝贵规则，并重塑整个行业（表3.1）。

表 3.1 传统出租车服务与共乘服务模式比较

业务模式特征	传统出租车服务	共乘服务
能力模型	能力受限	能力激增
融资	公司拥有汽车	司机拥有汽车
本地化	特定城市的电话号码	全球统一
资源分配	人工调度员	系统调度员
操作	由司机选择路线；不确定的到达时间	由系统选择路线；可预测的到达时间
绩效管理	没有反馈循环	双向反馈
技术	呼叫中心、无线电、车内支付	设备、云、人工智能

数字化创新颠覆了许多商业的业务模式：

（1）酒店都是由公司出资建造的大型昂贵建筑，用于过夜住宿。后来，Airbnb 公司将全球各地家庭中闲置的数百万间未使用的房屋转化成可出租的房屋。Airbnb 现在是最大的连锁酒店，但却没有拥有任何一间酒店。

（2）音乐发行需要处理 CD 发行的物流能力。后来出现了 Napster 和 Apple Music，它允许客户一次只获取一首歌曲，并创建自己的播放列表，其中只包含他们喜欢的音乐。

（3）书店出售或从图书馆借阅的书籍数量是有限的。后来，亚马逊（Amazon）出现了。亚马逊提供无限量的书籍，并可以快速送到家或办公室。还有 Kindle，它彻底改变了数字图书的分销模式。

（4）电影租赁意味着深夜去百视达（Blockbuster），漫无目的地寻找可以在 VHS 或 DVD 上观看的影片。后来出现了网飞（Netflix），它提供了对无限数量的影片访问，可按需提供，即时可用，只需每月收取订阅费。

（5）想要了解天气情况，就意味着了解当地的气象网。曾经天气预报被安排在一个很长的晨间新闻之后。后来 Google Home 出现了，它会在你提出要求的时候就告诉你天气情况。

（6）要想让你的家人参加娱乐活动，需要把所有人聚集在一个房间里观看电视，节目通常是由电视供应商决定的。后来，出现了 VPN、Wi-Fi 和平板电脑，让每个家庭成员在他们想要的时候，在世界任何地方观看他们想要的东西，而且不必观看商业广告。

正像上面所描述的一样，在石油和天然气行业，脱碳的压力、资本短缺以及数字化创新带来的可能性，暴露出油气领域的众多百年历史的先入为主的规则和假设，而这些必须重新审视并加以思考。

3.2.1 传统观念1：数据没有价值

第一条规则或假设是：石油和天然气行业中的数据只具有次要的价值，不是与实体工厂、设备和资源相提并论的资产。

油气行业认为，其所有数据都是专有的，必须保留在防火墙内，并且必须受到严格保护。数据的获取和保存等成本被记录为运营成本，而为了缩减成本，用于数据的资金投入被最小化。曾经，收集和存储数据的成本非常高，严重影响了数据的获取。

如今，数据正在与这些约束作斗争。生成、收集、存储、分发和复制数据已经变得既便宜又容易，现在数据想要免费开放。Azad Hessamodini 说得最好："对'数据'的理解是石油和天然气'数字化'中最不成熟的部分。数据的自由化根本没有发生。这是一种耻辱。"

作为一个行业，石油和天然气拥有海量的数据，甚至每小时都会产生大量数据，但无法对其进行全面分析，恐怕只有行业内部人士才能理解因坚持保密而错过了什么。数字化在石油和天然气领域的先行者看到了数据对其未来的重要性。他们认识到，在目前的状态下，该行业的业务模式已基本完善。等待化学或物理方面的突破是愚蠢的。

数据现在是一种资产，是具有价值的，但具体体现在哪里？

3.2.2 传统观念2：工作是靠人工来完成的

我的第一份工作供职于石油和天然气行业，从中我了解到一项严格的规则，我被告知，由于我不是工程师，所以在那里工作我是永远不能升职的。因为工程师了解设备的运行状态，而我恰恰不知道这些知识，所以不信任我有能力监督任何设备。在很长一段时间内，我接受了这个规则，很多人现在仍然接受这个规则。

石油和天然气行业的管理人员普遍认为,该行业的工作是复杂的,无法实现自动化。工作需要高水平的技能、多年的培训和人类的智慧才能完成。只有工程师才能进行工程设计;只有地质学家才能把解释的艺术和科学知识完美结合起来。

石油和天然气行业中即使是初级工作也仍然需要手工操作。行业中还有大量的工作需要人无休止地开车、盯着刻度盘读数、做笔记、填写电子表格、打电话或用电子邮件发送结果。

行业中,工作几乎都是围绕着"哑金属"开展的:金属的性能、操作参数和安全需求。已安装的设备中很少有现代传感器、计算智能和通信支持。由于MOC工艺的原因,在泵等操作设备上添加传感器通常被认为成本过高,而且坦率地讲,现有的成套设备仍然可以正常运行。

但新传感器的成本一直在下降,并将继续下降,直到接近于零。操作设备的新一代数字化设计需要更少的物理干预。传感器可以简单地捆绑或通过磁性连接,然后就可以接收振动、热量和噪声输出。传感器很快将变成一次性的工具,可以作为智能球(而不是清管器)冲入管道,或作为钻头的一部分,用螺栓固定在泵的侧面。

数字化技术尚未在石油和天然气行业崭露头角的一个重要方面就是用户体验的转变。大多数技术供应商还没有实现顺利、快速推广和零培训发布的产品。消费者世界中的喜好、游戏化、背书、徽章、奖励、明星、反馈、排名等创意,将对油气行业的成本和质量挑战做出巨大贡献。

有朝一日,工作定义将从所需的自动化和数字化水平开始,然后才是人的角色定义。

3.2.3 传统观念3:必须要有实体团队

根据只有人类才能完成生产制造的观念,紧密合作的团队才能出色地完成工作。然而,这一理念在疫情大流行期间突然消解了;石油和天然气专家,尤其是那些从事脑力工作、与实物资产没有直接联系的人员,可以在任何地方开展工作。

当然,工厂里的工人仍然需要在工厂附近办公,而且出于安全原因大部分工作需要不止一名工人。但是,由于2014年石油市场供过于求、2020年石油市场崩盘、又在疫情影响下被迫关闭的许多大型石油城的办公楼可能不会再重新开放[1]。

远程办公实际上已经存在了 10 年或更长时间，但从未真正铺开来，因为远程办公需要一个契机。在油气行业，其自上而下的、指挥控制式的、孤立的纵向管理组织体系以及一成不变的预算系统，只要体系中的一两个领导认为坚持远程工作是"不合适的"，这种方式就难以实施。现在，这种传统观点已经被证明不正确，当每个人都采取远程办公，这种工作方式可以良好地运行。

在油气领域，一些非常特殊的职位有自己的专用办公设施。尤其是石油交易商，他们在专门建造的交易大厅内进行交易。在疫情流行期间，这些人改为居家办公。然而，在疫情期间，油气商品仍可以成功交易、融资和交付。未来可能不再需要原先那种专门的交易大厅了[2]。

尽管行业内时刻存在需要解决的问题，但与主要供应商面对面讨论解决方案的时代已经结束。新设备不能正常工作。业务系统必须适应新的规则。正在进行的合规项目需要在截止日期前完成。这些问题都在有序解决中。

油气销售常常是企业对企业的，销售涉及大量的面对面会议、现场参观、演示等方式。由于疫情期间禁止面对面的会谈，这种销售模式被打破。

虚拟化已经取代了面对面的会议和交流。专业技能的表现形式正变得越来越丰富。而办公的地理位置和办公环境变得不再重要了。出差及其相关活动对环境的影响也被最小化。

3.2.4 传统观念 4：现金是万能的

从历史上来看，作为最大的油气生产国和消费国，美国的经济为油气行业提供了货币，美国的银行系统及其资本市场监管机构对全球油气行业的商业交易起着事实上的监督作用。虽然这种状况对长期的稳定性带来了相当大的好处，但也存在一些缺点。

油气行业受到美国政府及其货币政策的影响，美国财政部的行动可能与全球石油行业的利益冲突。例如，美国通过增加货币供应量（量化宽松）等机制独立管理货币供应量，控制通胀风险，并帮助管理银行业，以适应经济发展。那些希望进入全球石油市场的经济体必须保持健康的外汇平衡余额。

环境风险现在限制了该行业的资本供应，无意中创造了赢家，不是基于环境因素，而是基于资本的准入。

数字工具为获取美国金融体系之外的资本提供了一条途径，将行业资产的所有权与运营分离，为新货币的出现提供了机会，并有可能创造出全新的资产类别。

3.2.5　传统观念 5：先验证再信任

油气行业的特点是供应链参与者之间缺乏信任。原油和石油精炼产品是可替代的、无标记的，并且容易被盗的。这些产品的高利润率加上涉及的巨大金额，为欺诈、回扣和贪污创造了大量的商业空间。油气行业提供的服务通常是分布式的，且在通常无人值守的设施中进行，这也可能造成低质量和低性能。专业的技术技能通常是评估工作价值所必需的。

这个行业的规模和复杂性为诚实的错误提供了大量可能。如版税支付可能是基于很久以前签订的纸质合同，机械故障会对产品正常流通造成干扰，参与者人数众多，会导致一部分原本善意的交易以错误告终。

为了对这种潜在商业混乱进行控制，油气行业已经投资了各种全球最顶级的后台功能。对于整个油气行业来说，SAP 等公司的 ERP 解决方案的支出高达数十亿美元。为了促进交易和贸易，代理机构比比皆是。许多国家的某些流程甚至是由法律规定，如需要海关印章、手写签名、备份多份实物副本和人工结算等过时的流程。总的来说，这是一种昂贵的商业模式。

复杂的采购不仅仅是大公司的特点。2021 年，我为一家小型石油天然气软件公司发表了几篇文章和播客。在我工作的几个小时里，被要求签署一份保密协议、一份主服务协议和一份工作说明书协议，这与正在完成的工作和风险完全不成比例。并且需要开发票才能按 45 天的期限付款，由于他们的发票逾期 75 天，他们要求我们用信用卡结算，使得公司支付了 4.6%（184 美元）的非优惠货币费用。然后，他们又要求撤销整个交易并重新进行。可以肯定，两次处理发票的成本要高于注销货币调整的成本。

就像优步重构乘客和司机之间的关系一样，数字解决方案可以重塑供应链中的关系结构，以降低信任成本，实现利益共享，减少交易摩擦，并允许更公平的价值分配。

3.2.6 传统观念6：消费者是匿名的

能源生产商与其终端消费者之间的关系很脆弱，而且经常是敌对关系。想一想2021年初反常的冬季风暴寒潮期间，得克萨斯州能源公司对其客户的反应[3]。随着气电和风电厂被冻坏，电力供应同时下降，成本飙升至9000美元/兆瓦时以上。公司采用典型的公共事业处理方式，要求消费者控制他们的消费（尽管考虑到特殊情况，但这样做也非常荒谬）。现在，能源公司因此被期望能免除消费者的账单。这些都说明供应者和消费者之间不是忠诚的关系。

然而，这并不奇怪。除了满足汽油需求外，能源消费者不会经常选择能源，甚至更少会想到能源公司。家庭能源预算在电力、热力和燃料方面变得分散。同样，企业缺乏统一的能源管理。首席采购官可以协商定价，但很少有公司的首席能源官会担心有效消费。

向世界供应能源的商业系统迎合了这种结构，在一代人的时间里没有实质性的进步。许多能源公司与实际消费者相距甚远，消费者的需求难以被注意到。在许多情况下，真正的消费者是匿名的，而且越来越多的是智能机器。油气公司指出他们甚至没有消费者，有的只是商业伙伴。

汽车制造商也面临着类似的挑战，他们通常委托汽车经销商负责客户关系。而现在，特斯拉采用直接向客户销售产品，并通过不断升级的软件系统维护客户关系，从而打破了汽车企业原本的舒适结构。

汽车行业电动交通工具的到来，使电力公司成为了能源行业燃料消费领域新的竞争者。电力公司已经与当地政府签订有供销合同，并在建立充电站方面具有天然的优势。

自市场放松管制以来，消费者与能源供应商的关系首次发挥作用。这种关系将越来越多的变成机器对机器的关系，这是数字公司的另一个优势领域。

3.2.7 传统观念7：能源的来源无关紧要

在各个方面，人类对不寻常和外来的事务都有着好奇的兴趣，我们中的许多人都是伟大的收藏家。我们讲述照片是在哪里拍摄的，我们遇到的艺术家用一块骨头雕刻了一个披风人物，或者我们在最喜欢的海滩上发现的一块彩色石头。

这种对原产地的迷恋渗透到我们与许多事物的关系中。为了所谓的健康，我们购买有机食品的数量在不断增加。手机应用程序（APP）为我们提供了一条直达美利奴羊（merino sheep）的途径，这些羊的毛成为了我们毛衣的纤维材料。苏格兰威士忌、帕尔玛（Parma）火腿、香槟和伊丹（Edam）奶酪等产品的地理标志赋予了产品的真实性和质量保证，有法律支持保护供应商免受假冒产品的影响[4]。

能源系统的设计没有考虑到消费者的选择。能源价值链往往以成本和利润为基础，而不是以消费者为基础。能源产品处于产业链的下游，消费者很少有能力在边际能源之间进行选择。特别是像电力方面以长期合同和供应承诺为基础的能源。

消费者已经习惯于在不同的领域拥有和行使选择权，比如他们在哪里购物、度假、穿什么衣服。他们同样期望围绕价格、质量、来源或碳含量进行能源选择，并且这种期望正在被法规化。

3.2.8 传统观念8：绿色能源是一种优质产品

经济学家认为奢侈品的定义是需求量随着收入的增长而增长，而且与收入的增长成正比——越富有，购买得就越多。"绿色能源"绝对符合这个定义。为了实现真正的绿色，我们需要在能源基础（热、光、交通燃料）花更多的钱，还要确保所有消费品（食物、衣服等）也是纯绿色的。这是可能的，但是价格昂贵。在存在低成本替代品的情况下，指望广大消费者为纯清洁燃料支付更多费用是荒谬的。

有些绿色能源的定义符合我非正式的定义。在我看来，一件奢侈品的典型特征是其稀缺性和排他性，通过这种稀缺性和排他性，奢侈品可以标定很高的价格。它的市场是有一个对价格不敏感的买家组成的有限市场。它采用特殊的制造技术，小批量生产。符合清洁度、纯度、简单性和功能性的最高标准。也许是因为它的美丽，人们对它产生了一定程度的敬畏。这种产品是梦寐以求的，但相当一部分人负担不起。

奢侈品通常有现成的、非常好的但价格便宜得多的替代品。我可以买一辆特斯拉，但我却开着一辆便宜很多的二手汽车斯巴鲁（Subaru）。

纯粹的可再生绿色能源是一种3A级燃料——可获得（Available）、价格实惠可负担（Affordable）且丰富（Abundant）。相对于化石燃料，风和光是清洁能源。它们是零排放能源并且操作安全的（暴露在阳光和风下可能是有害的，但通常不会）。它们是不易量化的能源，除非首先转换成电力。然后，作为电力，它们可以在被需要的地方以被需要的强度传递。电是高度可控、被大家接受的和可靠的。它传送的速度非常快（可以即时打开）。这是非常理想的——随着国家越来越富裕，人民也准备好为清洁能源买单，以拥有更清洁的空气。

额外的好处——绿色能源可以循环利用传统的铜线、插头和电器。

但在发达国家广泛地采用绿色能源仍存在许多障碍：

（1）大量正在使用的传统古建筑没有为可再生能源设计收集装置；

（2）地方建筑法规允许建筑物包含隐蔽的燃气管道，但禁止"丑陋"的太阳能电池板和风力涡轮机；

（3）采用将改造成本强加给房主的融资模式；

（4）建筑行业能力的限制抬高了能源系统改造的价格；

（5）租赁市场阻碍结构改善或会造成租金上涨；

（6）围绕几台大型集中式发电机设计的电网系统，无法应对能源供应变化和分布式发电。

在所有已知的市场中，可再生能源的价格现在可以与灰色能源相媲美。太阳能和风能是摩尔定律的受益者。我们制造的可再生能源收集装置越多，它们的价格越便宜，效率也就越高。

数字化创新无法克服绿色能源应用的所有限制，但它们可以带来巨大的变化。智能化、数字化的电网系统应该允许变频能源供应发挥作用。数字技术允许部分所有权和所需资金的融资（太阳能、储能和运输）。未来会要求房地产开发商与社区实用模式相结合。新房子可以用太阳能电池板和本地局部储能装置来建造。

3.2.9 传统观念9：要拥有资产

2015年，我与昆士兰一家天然气生产商的一位高管会面。他抱怨团队再次提交了几辆新皮卡的采购申请。他问道，为什么他们总是想买卡车，而且为什么皮卡必须是新的？当时，石油价格下跌，天然气（与液化天然气价格挂钩）的交易价格也随之下跌，使得公司资金短缺。他在请购单上潦草写下"未经批准，租赁使用"，并将其发回。

这个小小的交流说明了一条重要的规则。该行业的模式是购买，而且是购买新产品，并经常购买双倍，以防第一次购买失败。当行业处于增长模式、资产稀缺、交付周期长、资本宽松时，这是合理的。它甚至创造了一个由企业家组成的山寨行业，试图将仓库和停机坪的过剩资产和备件库存货币化。

从历史上看，油气行业拥有关键资产比租用或共享这些资产的管理负担要轻得多。但其他行业一直在尝试轻资产的业务模式，即主要资产的运营商不需要拥有资产本身，将资产转移到另一方的资产负债表中。飞机、轮船、出租车，当然还有汽车租赁行业都是如此。重塑油气行业资产负债表的条件和技术已经成熟。

▶ 3.3　新模式下的新规则

无论是参与者还是初创企业的领导者，企业家都在挑战上述那些传统观念，创造新的商业模式。据我所知，目前还没有企业达到被宣布为"独角兽"的地步，但请留意这个空间。正如优步的例子所示，传统观点与成功的业务模式之间并不存在一对一的关系。事实上，在一个业务模式中，规则被颠覆的越多，成功的几率也就越大。

3.3.1　数据驱动型业务

数据业务模式以行业数据为中心，并且它们正在以惊人的速度演化。

3.3.1.1　行业剪切和粘贴

我第一次接触石油和天然气数据带来的问题和机遇可以追溯到20世纪90年代中期。我当时正在为一家地震数据处理公司进行工作流程分析，公司经历了一场风波。该公司提供了一项服务，可以将大卷磁带上获得的二维地震数据转换为小型IBM数据磁带。卷轴在仓库中受到磨损，磁带被破坏。这项服务之所以失败，是因为公司坚持将一大卡车卷轴从客户的仓库运到处理中心，确保转换团队有大量的磁带待转换，但这样做的同时也阻止了客户访问其数据。不可避免地，客户打电话紧急需要一盘藏在处理中心某处的一盘磁带。

后来公司在很多方面进行了改进，我们用出租车代替卡车运送，控制处理磁带的批量大小，以恰好装进汽车后备箱为宜，腾出处理中心的空间，并重新安装磁带转换工作站的地板，以改善流程。

尽管数据的有效信息量非常小，但所涉及磁带的数量却大的惊人。仅一家客户的仓库需要处理数的卷磁带数据竟高达10万，而这只是全球市场的很小一部分。

这项工作没有对数据进行解释，也没有对内容进行分析，只是工业级的剪切和粘贴工作。

3.3.1.2 实时数据解释

在我从事地震工作的10年后，我与一家大型水力压裂公司合作。为了提高服务质量，该公司将所有水力压裂设施连接到了内部控制室。通常通过昂贵的卫星传输，压裂数据持续实时地流向该设施。该公司最优秀的工程师和水力压裂专家在控制室里，挤在电脑屏幕周围，指导水力压裂、调整马力、处理干扰，充分发挥设备价值。压裂作业结束后，他们没有对数据做任何事情。尽管他们对客户进行了复杂的分析，但他们还是依靠白板来确定压裂液分布位置。保洁员只要擦去白板上的内容，就可以使业务完全混乱。

3.3.1.3 硬件而非数据

15年后，我在布里斯班的一家井下工具公司工作。该公司的测量设备提供高精度的生产测量数据——水压、温度、放射性、流速、体积和许多其他数据。他们将这些设备出售给客户（在本例中为气井运营商），客户使用这些数据来管理井的性能、安排服务和预测产量。然而，随着天然气价格的下降（天然气价格是参照亚洲的石油价格确定的），对新气井的需求下降，对井下工具的需求也随之枯竭。

我曾询问他们：在当前这个新兴的云计算分析领域，为什么不自己采集数据，并为客户提供解释服务。公司本可以建立一个庞大的关于井运行条件的数据库。但他们声称难度太大，尽管他们自己的产品测试制度包括分析功能和仪表板，可以作为客户门户网站的基础。此外，他们认为这些数据属于客户。

3.3.1.4 数据而非硬件

2020年底，我为一家中东井下工具公司举办了数字意识培训课程。他们的工具和技术在全球大约2000口井中应用，主要集中在高产的海上油田。他们的工具包会产生惊人的数据量，可为客户提供必要的分析软件和仪器来解释这些数据。公司的分析水平一流，这诠释了他们的工具包溢价的原因和该产品占据的市场份额。数据再次被认为是一个潜力领域。

该项目是研究如何将井下传感器技术应用于300万口井，以便它们能够采集到尽可能多的数据，从而从自动数据解释服务收费。

如今，硬件供应商和现场服务公司都在关注运营所产生的数据资源的潜在价值。McCoy Global 公司的总裁兼首席执行官 Jim Rakievich 痛心地表达了数据的价值："十年来，我们一直在销售昂贵的工具和设备。但我现在失眠了，因为我对我们没有保留最初十年的数据，而那些数据的价值是巨大的"。

合同条款现在将这些数据作为提供服务的一部分。钻井服务公司、水力压裂公司以及通用公司等采用人工智能技术，随着时间的推移，在执行方面变得越来越聪明，因为它已经积累了数百口井的服务记录。

3.3.2 数据商品化

第二个有趣的业务模式涉及数据的货币化。长期以来，石油和天然气一直以地震勘查、报告和数据包的形式出售数据。纸质报告通常被认为保密性极高，因为很难被复制，但电子原始数据则可能会有泄漏风险，所有权转移、搜索和检索以及物理格式都很繁琐。

因此，数据保存进入了云的转型潜力空间。

3.3.2.1 数据，即产品

Netflix 和 iTunes 展示了如何处理超大数据集，并将其作为商业业务出租或出售。该模型没有完全转移到油气市场，因为消费市场非常小，客户希望自己对数据进行分析。电影只有几种标准格式。与电影不同，油气行业的数据格式多种多样。然而，这种商业模式的早期框架正在形成。Jim Rakievich 说："你会对人们愿意为数据支付的费用感到惊讶"。

数据平台需要能够吸收行业内的多种数据源的全部数据，包括SCADA历史记录、测井记录、传统软件数据、地下数据、Excel 电子表格、ASCII 文件、PDF 文件和图纸。数据平台需要识别和纠正异常，并建立分类。该平台将不断扩展和结构化，以便于对数据进行搜索、分析和操作。在规模上，数据库将拥有足够的数据来支持增值服务，包括机器学习、自动分析和人工智能。将鼓励第三方使用虚拟现实等先进技术，研制自己的应用程序来利用数据，就像苹果的应用商店为 iPhone 和 iPad 领域解锁创新一样。数据安全对行业来说至关重要，数据平台将拥有强大的安全和加密服务，以防止未经授权的数据访问、使用和数据传输。类似游戏的功能，如对常用数据集、应用程序和算法排名，将使这些平台更加完善。

数据平台将需要结合各种商业元素，使在线市场变得有吸引力，包括市场的各个方面（数据供应商、数据消费者和应用程序服务）。需要仔细跟踪数据和算法的所有权，以及所有权的出售和转让。随着数据被消费（无论是作为流媒体还是作为具有受限使用权的下载），平台将需要采取各种途径符合商业条款。

数据集的所有者拥有有价值的数据，但缺乏将数据变现的技能，使用这样一个平台作为货币化的机制。数据的客户（分析引擎、数据显示、算法开发人员）会发现这样一个平台是开发解决方案的理想场所。否则，他们将很难访问这些丰富的数据资源。

我认为油气行业数据库中的第一批数据集将是具有价值的、全面且理想的数据，如地震数据。油气公司拥有大量的、缺乏能力分析的数据。公司不需要花费太多时间对数据溯源。金融家了解此类数据的价值以及如何对业务进行评估。人们对基础技术（云存储、区块链、安全、流媒体）已经有了充分的理解，在技术上也已经完善。

3.3.2.2　开放数据运动

使用谷歌地球（Google Earth）访问得克萨斯州米德兰（Midland）地区，这里是富产油气的二叠盆地的中心。在卫星视图中，可以直观地了解该地区的石油和天然气生产规模。图中的小正方形都是井场，放大可以看到盛装油、水和化学品的储存罐的特写镜头。在不同的地方，你可能会注意到一些稍大的设施，比如采气厂和采油厂，这些工厂用于汇聚一小片区域的产量。

显然，这种景观令人担忧，道路和井场对土地的干扰程度都很大，而这些干扰是不必要的。在美国存在一个无形的问题，井的所有权高度分散，土地所有者拥有他们脚下资源的权利（与英联邦国家不同，英联邦国家的资源由国家所有），许多农民与第一家想要开采油气的生产商达成协议，开采资源。这是一种低效的盆地开发模式。

解决上述问题的方法非常简单，可以买下某个地区的全部产权，少量建造多井口的大井场，并在区块内实施降本增效的生产措施。当买方和卖方试图达成一个价值时，问题就出现了，他们各自依赖被保存在应用孤岛中的截然不同的数据集来确定这个价值。

开放数据标准是许多行业解决这个问题的方式。数据标准允许各方之间快速、可信地传输数据。试想在音乐的世界里，没有统一的标准或语言来创作音乐，音乐家们不能组成管弦乐队。如果没有MP3文件标准，我们在iTunes、YouTube、亚马孙或Spotify上的音乐共享就不可能存在。

一个名为"开放组织OSDU论坛"的开放数据运动是建立一个供应商中立的环境，用于开发石油和天然气的开放数据标准。该活动基于这样的认识：缺乏通用数据平台架构设计是许多行业效率低下的根源。OSDU正在开发一个共享行业数据的开放平台。

供应商可能会对开放数据感到担忧。长期以来，石油和天然气领域供应商的做法是围绕专业技术建造壁垒，阻止小型科技公司扩张，收购创业创新公司，通过消费关系获取租金。但根据其他行业的经验，开放数据有助于油气行业的创新，是业绩增长的关键。

3.3.3 人力精简的业务模式

油气行业所具有的危险性给人们造成了一种永久性的压力，要求从工作过程中去除人为因素。自动化和自主性方面的数字化创新最终使该行业能够解决以人力为中心的传统观点，并朝无人化的最安全的开采和加工业务模式迈进。这种变化不仅发生在一线，而且在工程、设计、贸易、后台和服务领域也是这样。

3.3.3.1 自动化和自主性

我的汽车必须具备的功能之一是定速巡航。在长途旅行中，不断踩油门和调整速度会感觉很累。我的注意力难以集中，经常超速。定速巡航是一项优秀的机械自动化功能，不需要司机持续关注路况，但它也有一些局限性。它不会对我前面的车辆做出反应，在下坡路段，它会低效地使用引擎而不是刹车减速。

自主化（Autonomation）是一种更智能的自动化形式。一台自主化的机器不仅可以执行机械作业，也能够快速检测、处理和纠正可能出现的错误或可能出现的偏差。这使人类不再需要不断判断机器是否正常运转。工作速度大大加快。在高度自主化的工厂里，一个工人可以同时管理多台机器。

多年来，为了应对竞争压力、追求更高的质量、改善安全状况，以及追求对环境影响的最小化，重工业，尤其是制造业，一直在探寻自动化到自主化的过程。危险（Dangerous）、肮脏（Dirty）、遥远（Distant）和乏味（Dull）这4个方面（4D）的工作是自主性要解决的目标。在新型冠状病毒疫情期间，让石油和天然气行业实现更大程度自主运营的必要性和机会得到了进一步的推动。石油和天然气将效仿采矿业采取更大程度的自主，但即使是实现部分自主化也能提高经济效益，使企业的增长速度高于市场。

3.3.3.2　自动化设计

自动化在石油和天然气行业仍然发挥着巨大的作用，因为该行业的很多部分仍然是手动的。

当我在澳大利亚工作时遇到了一家公司，其业务是将工程内容翻译成工厂成型和切割零件的指令。例如，一个油罐设计的侧面有一个楼梯，工人可以通过楼梯到达油罐的顶部，在某些时候，这个设计需要精确的指示，说明如何塑造扶手以及在哪里钻孔以将扶手连接到楼梯上。油罐是由澳大利亚一家收费高昂的工程公司设计的，但切割钢材和钻孔的机器的说明是在一个低成本的海上设计中心完成的。

不出所料，海上设计中心采用自动化工具，使他们的工作更快、误差更小，澳大利亚工程师也在管道和阀芯等领域部署推动了更多的批量工程工作。同时，工程软件本身变得更强大，并逐步使低端批量工程工作完全自动化。

事实证明，许多工程工作似乎都可以使用数字工具实现这种基于规则的自动化。这种转变会对依赖大量工程师按小时收费的行业产生巨大影响。工程领域的学徒制学习模式（初级工由高级工监督）在软件可完成初级工作时失效了。如果软件自动化系统被近海中心应用，低成本近海工程中心的产业逻辑就会发生动摇。

以前属于高端熟练劳动力的工作实现了自动化，在行业的各个阶段都会发生：

（1）工程设计与分析；

（2）地质分析；

（3）可视数据解释；

（4）设备监督；

（5）作业监督；

（6）人员和设备调度的优化；

（7）操作设备的优化。

油服公司的工作是重复性的，且以大量规则和合同为基础，应该保持警惕。

3.3.3.3　使用机器人进行资源开采

露天采矿业的发展为使用机器人进行资源开采的可能性提供了清晰的发展方向。澳大利亚巨大的Pilbara矿区拥有20多家大型铁矿石和锰矿企业，澳大利亚还开采许多其他矿石、矿物和天然气。这些资源企业是全球资源创新的领导者，其自主性作业方面获得的成功已经成功应用于加拿大艾伯塔省的油砂开采。

自主性作业带来的好处包括：

（1）标准化作业可以减少不一致性、错误和延迟；

（2）优化特定任务，从而节约成本并增强资产的能力；

（3）消除人类对机械的直接控制，减少错误、损坏、事故和延误；

（4）更好的安全性能和更好的恢复能力，最大限度地减少破坏性事件的影响；

（5）从自动化设备收集数据的质量和分析结果更好，从而减少非生产时间；

（6）提高效率，减少排放。

加拿大油砂开采完全采用澳大利亚的采矿业者工作模式，在大型露天沥青矿中实施了自主性作业方案。这些矿场位于火灾多发区（加拿大广袤的乔木林），并受到新冠疫情的影响，增强了精简人员的动机。与铁矿不同，部分油砂可在当地进行精炼。油砂矿通常具有一定规模、与供应商建立联系、成本激励、人才激励，完全可以创建自主性作业的矿区。

挪威国家石油公司（Equinor）率先开发了第一个自主海上生产平台Oseberg Vestflanken H，用于处理北海Oseberg油田[5]。该平台的建造速度比计划快20%，比同类平台小，而且由于减少了供人类使用的设施（例如厕所），重量也轻了好几吨。

自主性钻井仍然是一项正在进行中的工作，存在不兼容的钻机子系统、缺乏开放数据标准、传统的承包模式，以及缺少机器人工具和子系统的供应商等问题。在可以预见的未来，自主钻井仍将主要由人力驱动。

为什么要从作业中精简人力？因为人力是昂贵的、不可靠和易犯错的，工作环境受气候的影响（而石油和天然气资产通常处于极端环境）。工作过程中需要保护人类免受跌落、绊倒、瘴气、热量、爆炸、尖锐物和化学品（能源基础设施的标准操作特征）的伤害。而且人类集中注意力的能力会随着时间的推移而降低（能量系统24小时运转）。人类需要休息（虽然机器也需要休息，但很少）。人们可能在没有考虑后果的情况下会尝试危险的捷径（坏事就会发生）。人们容易出现酗酒和狂欢（这虽然在派对上会很有趣，但在工业环境中不受欢迎）。

炼油厂、天然气厂和管道运营等中游资产已经实现了高度自动化，几乎没有更多的空间来改进运营的自动化，在2020年底，壳牌公司从波士顿动力公司（Boston Dynamics）购买了两只机器狗进行实验巡检[6]。

3.3.3.4 自动化后台

与同行相比，油气公司上游高度自动化的后台功能的成本明显低于同行，使其能够在缺乏传统资本的情况下通过收购实现大幅增长。

采用这种模式的最早例子是NALResources公司。该公司采用了一些数字技术来帮助其度过2014—2015年的石油市场崩溃。其中最主要的是RPA[7]。与RPA的其他用户一样，NAL Resources公司发现益处巨大。

3.3.3.5 机器人服务

油服公司更容易受到自动化的影响。在竞争中,服务更容易转型,因为它们的合同定期移交,为替代方案创造了窗口。服务公司通常有大量员工,工作内容符合自动化要求。

对于许多服务公司来说,新兴的业务模式是改变其运营方式,用机器人代替人。钻井服务是一个具体的例子,此外还有:

(1)土方工程。卡特彼勒(Caterpillar)、小松(Komatsu)、日立(Hitachi)和沃尔沃(Volvo)等主要设备制造商已经或正在开发机器人和电动版的挖掘机、装载机、牵引机、钻机和推土机。

(2)物流。北美卡车行业的主力半挂车正在试用电动马达,并在采用自动驾驶功能。轻型卡车将受益于汽车上出现的自动驾驶技术。

(3)水下作业。在海底设施上进行的许多工作(检查、小修、维护、清洁和保养)可以部分或全部由自动驾驶车辆和无人机完成。

(4)检查和监视。用无人机执行设施、管道和井区巡检,成本大大低于直升机和轻型飞机,风险也低。由机器自动化解读的下一代卫星的照片介绍了近乎连续的设施监测的前景。

将更多机器人解决方案纳入油服公司业务模式,摆脱以人为中心的模式的束缚,公司就能够扩大业务规模。机器人是收集有效数据的天然平台,这些数据可用于对业务进行更深入的分析。

未来由机器人驱动、自主服务的供应商将能够:

(1)提供更优质、更一致的服务;

(2)根据服务,更快地执行工作;

(3)提高服务资产的生产效率;

(4)为下一代的人才创造更具吸引力的工作选择;

(5)通过更高效的作业降低碳排放足迹;

(6)提高应对疫情大流行等事件的能力;

(7)减少现场工作人员,从而降低服务成本;

(8)从软件和使用中产生新的收入来源;

(9)解锁基于机器人资产的创新融资模式。

3.3.3.6 机器人操作

将陆上生产资产变成机器人生产单元这一更大的目标尚未完全实现。生产资产很有可能实现自主化。这些资产通常远远超出现代电信网络的承载范围，无法使用云解决方案进行作业。因为资产监管理由充分，它们几乎总是与 SCADA 系统相连。而且由于过度依赖人工，管理干预易受到长期的拖延，成本高，需要定期（每天）派人监管。少数公司已经将边缘计算引入生产资产管理，且已经获得稳定的业绩，从现有资产中获得了更高的产量，每口作业井所需的人员更少，员工的影响力更大，员工的决策能力更强，对资产的客观看法不受电子表格和人为偏见的影响。

任何开发新区的上游油气公司都有能力将自己改造成一个真正的自主化生产商，并通过数字技术降低生产成本。

3.3.4 新的金融结构

石油是每个国家都在使用的全球产品，世界范围内几十个国家和数百家公司开发生产，它不应该与单一主权货币挂钩。

因此，不久前，委内瑞拉政府试图推出自己的加密货币（称为 petro），并以其 2017 年石油储量为后盾。委内瑞拉在历史上一直是一个重要的石油参与者[8]。他们是欧佩克的创始成员国。该国拥有约 3000 亿桶的石油储量，预计是世界上石油储量最大的国家。奥里诺科带（Orinoco Belt）还有更多的超稠油储量，达到 1.5 万亿桶。委内瑞拉约 95% 的出口收入来自石油和天然气的销售，油气行业收入占国家 GDP 的 25%。

委内瑞拉已经陷入了艰难时期，加密货币（Crypto）的想法也失败了，但背后的工业逻辑一直存在。委内瑞拉等许多产油经济体与美元紧密相连。产油国需要使用美元来偿还从美国资本市场借入的国债。其主要（通常是唯一）出口以美元计价，生产和运营可能依赖于以美元计价的国际专业技术和设备。经济制裁可以立即冻结一个国家进入由美国主导的全球银行体系。

如果试图将商业与美国金融体系分离开来，那么创造一个代表一桶原油或一立方米天然气的代币（token）就很有吸引力。加密货币似乎可以解决对美元的依赖，但不确定性依然存在：

（1）并非所有石油的价值都相等。轻质低硫原油是基准石油指数的组成部分，但因高硫原油提炼成本较高，所以价格较低。资产支持的代币需要反映一个事实——即基础石油或天然气资产并非完全可替代。

（2）由于基础资产价值相对于资产的质量变化，代币的价值可能需要改变。

（3）代表资产的代币很可能有自己的独立价值，不同于基础资产。从逻辑上讲，代币的价格不能低于资产的价值，但大宗商品市场在存储耗尽时经历了负油价。可能需要规则来管理波动性。

（4）使用石油支持的加密货币的交易者需要有信心将他们持有的加密货币转换成真正的资产（比如原油）。实物上的支持变得很重要。

（5）需要制定代币和物理实物的转换规则和机制。例如，一旦一桶原油代币被转换成实物石油，必须将代币销毁或归档。

（6）代表石油的代币成为期货市场的参与者。大多数石油买卖都是通过期货合约进行的。在期货合约中，交易员通过期货交易实现利润最大化和损失最小化。有必要制定更多的规则。

所有对加密货币的兴趣都意味着，迟早会出现另一次更成功的尝试，即如何使用代币进行石油和天然气交易。与此同时，允许进行试验的更简单想法将会出现。

例如，一家公司在废弃井的双市场模型中使用代币。数千口废弃井被关闭，因为采用传统开采技术维持其每天 1～3 桶的产量成本太高，不能吸引资本投资。Beyond Oil 公司针对这些油井开发了低成本的气动举升系统，该系统利用太阳能压缩空气作为气动动力[10]。投资者持有代表他们投资的代币，为气动系统买单。所生产的每桶油都被当作一个代币；该桶油被出售时，就将代币销毁，价值被返还给投资者。

这种模式可以获取资金，解决环境问题，使资源发挥作用，并利用清洁技术。它还为业界提供了一个学习如何将代币化技术应用于实体行业的机会。

3.3.5　供应链追溯

有时，一个系统需要一次冲击来加速已经发生的变化。行业内的信任问题遭遇了一系列冲击，并将追溯的理念带到了基础设施领域。新的解决方案有助于创建行业资产和产品产业链的可追溯性。

3.3.5.1 当灾难发生时

北美输油管道接连发生故障，引发了对油气行业具有重要影响的监管反应。2010 年 7 月，Enbridge 6B 号线的一段 40 英尺长的管道破裂，稀释的沥青流向了 Talmadge 溪流，然后流入密歇根州的 Kalamazoo 河[11]。两个月后，太平洋天然气和电力公司（Pacific Gas and Electric）运营的一条天然气管道在旧金山附近的圣布鲁诺发生巨大爆炸[12]。这场大火造成 8 人死亡，35 所房屋被夷为平地。2011 年 4 月，在加拿大艾伯塔省小布法罗（Little Buffalo）附近，有着 44 年运营历史的彩虹系统（Rainbow System）发生管道破裂，导致该省历史上最大的油气泄漏事故[13]。

加拿大和美国边境的监管机构吃惊地发现，管道公司无法迅速回答有关管道的基本问题：35% 的受访公司无法确切说明管道安装在何处、哪个工厂制造管道、谁将管道焊接在一起、安装条件或检查历史。对于管道的状况均不得而知。

对于一个以卓越运营而自豪、依赖于可靠的品牌的行业来说，这是一个巨大的警钟。

监管机构很快提出了新的规定。美国管道和危险品安全管理局（PHMSA）和加拿大能源监管局（CER）发布了新的规则。在美国，PHMSA 的第 192.67 条规则要求管道材料属性记录要完整准确[14]。在加拿大，CSA Z662 由超过 500 页的规定性和基于性能的要求组成，涵盖了石油和天然气工业管道系统的设计、施工、运行、维护、停用和废弃的技术方面[15]。

新规最大的变化是对材料的记录（关于管段、焊缝和其他设备）必须可追溯、可验证、完整和准确。换句话说，管道所有者需要能够展示单个管段的整个生命周期，从源头到现在的位置、管道现在的状态及每阶段的处理方式。

可追溯性与追踪的含义是不同的。追踪意味着知道某人或某物的位置。追溯表示知道人是谁或什么、去过哪里、一直在做什么、目前正处于何地。追溯更加困难，需要更多的数据，但如果该项工作做得好，会产生更多有价值的见解。

特别是对管道行业而言，追踪是一个非常难以解决的问题，原因有以下几点：

（1）规模巨大。仅加拿大就有84万千米（近52.2万英里）的管道[16]。每段管道的长度各不相同，但一般长度为40英尺，即12.2米。每千米有82段40英尺长的管道，总量约为6800万段。至少有6800万个焊缝将这些管段连接在一起。美国的管道数量至少是加拿大的10倍[17]。

（2）地点多种多样。大多数陆地上的管道埋在地下几英尺，以防止它们干扰动物迁徙或因树木坠落和火灾造成的意外损坏。管道穿越各种地形包括低谷和高山隘口、河流和湖泊、建筑物密集区及海床。对管道的检测也具有挑战。大多数管道是在现代GPS系统发明之前安装的，很难精确定位。旧地图是纸质的，不会更新。海底管道在海底，很难接近。

（3）寿命长。一条管道可以稳定地运行几十年。随着时间的推移，部分管道将被更换、扩建、关闭，并从输送液体变为输送天然气，再从输送天然气变为输送液体。

（4）供应链的复杂性。来自世界各地的数百家管道产品供应商在争夺业务。钢材是主要的材料，但没有公认或固定的方法来描述管道产品。还有数百家公司对管道进行拆卸、铺设和焊接。

（5）产品的复杂性。管道有其不同的物理性质。管道有不同的直径和壁厚，有不同的金属材料和不同的涂层。

（6）数据源。关于新的线性基础设施的数据来源于许多不同的系统，具有不同的布局、分类法和术语。管道采购合同可能对订单相关数据的交付时间、数据应采用的格式以及数据应包含的内容没有进行规定。

3.3.5.2 追溯资产

追溯实物资产比追踪石油分子或碳分子排放量更简单。然而，据一家中游公司的机密消息来源称，该公司估计，每投入100万美元的资金，就要花费多达600小时的时间来准备和管理相关数据。以外部工程咨询费150美元/小时计算，600小时相当于9万美元，相当于资本支出的9%。追踪还会减慢项目进度，造成延误，并增加项目成本。由于占用预算，管道基础设施的高质量数据将削减。

运营部门难以对数据中存在不确定性的新资产承担责任。移交时间越长，收入就越延迟。数据越好，运营部门对数据的信心越强，检查、测试、调试和批准的速度就越快。

碳、资本和云

目前，低质量的管道数据降低了数据的价值。如果没有关于已安装管道、组件和焊缝的可靠数据，购买管道的公司将以管道资产价值的 6~7 折估价。这意味着，没有高质量数据支持的公司可能夸大资产的价值。

最后，在诉讼中，没有必要向陪审团证明特定数据的不准确性或不完整性。仅仅证明管理数据质量的系统容易出错，就可能使所有数据都不可信。

有几种方法可以解决追溯问题，其中一种方法是创建一个解决多对多问题的中心（多个供应商、多个客户、多种产品，但没有数据标准）。此类中心可遍布油气行业，可用于解决处置剩余资产，实现产品销售，及工作联系等问题。专注于数据的较新的中心枢纽通常提供以下功能，可以：

（1）从源系统、供应商、文件或存储库接收数据；

（2）将数据转换为标准格式；

（3）提供数据清理、合理化和校正；

（4）使客户能够访问标准数据；

（5）提供数据增值服务；

（6）允许随时随地从任何设备访问数据；

（7）提供对数据的安全保护、访问和控制。

随着全球范围内，花费数万亿美元的新基础设施的建成，各种不同类型的资产，包括油罐、终端设备和涡轮机，都有了可追溯性。

3.3.5.3 追溯产品

一个可以从可追溯性中受益的特殊资产是实际的能源产品本身。油气行业在追踪碳氢化合物方面做得相当好，但追溯能源产品是另一回事。

纵观历史，令人惊讶的是人们并不像关注威士忌那样关注能源的可追溯性。一方面，可能因为威士忌更有意思，同时也因为电力是一种本地商品，由当地公用事业公司生产，可能由社区所有，并在供应地附近消费；另一方面，油气生产商声称，追溯液体和气体的来源和使用是不现实的，因为能源商品可互相替代，并且经常混合使用。

时代在变化。如果公司不能掌握其运营和产品在何处以及如何以影响气候变化，就无法正确应对监管的压力。

市场正在将采购概念应用于能源产品来响应能源溯源工作。航空公司向消费者收取燃油附加费以购买碳补偿。电力公司出售绿色能源产品，如绿色信贷。石油公司在加油站提供绿色燃料产品[18]。化工品公司跟踪其产品在整个供应链中的使用情况，以应对全球品牌压力[19]。

碳排放目标迫使公司对所有碳排放的来源、氢气的来源（化石燃料或是太阳）、生物柴油的来源及供应商提供的产品中碳含量更感兴趣。

能源系统历来是一系列独立的价值链。这种模式可以追溯到能源时代的早期，为了解决大型分布式基础设施的垄断效应，以及满足资产所有者和投资者的资本需求而设计。他们专注于管理平衡物理供应网络的工程问题，而不是参与到一个可追溯的能源世界油气行业的特点是专注于管理工程问题平衡供需，而不是参与能源追溯。

幸运的是，数字化创新改变了很多行业的市场（金融服务、电信、娱乐），也对能源行业产生同样的积极影响。物联网、云计算和区块链的这些构建模块允许在其独立且日益相互关联的价值链中完全追踪能源产品。

能源转型的基本要素是数据。从历史上看，能源行业一直依赖其仪表和控制系统（SCADA）来生成管理能源供应和需求所需的数据。工业物联网（IIoT）将提供大量有关能源的新数据源，在云端存储和处理，并在区块链结构上为消费者提供不可更改且保密的记录。新兴的人工智能引擎将处理这些数据，为消费者做出有意义的决策。

许多组织正开始利用这些新功能来重塑能源供应链。除了 VAKT，Mavennet（一家总部位于多伦多的区块链公司）正在支持加拿大国土安全部追踪跨境的石油路径[20]。

3.3.6　客户关系

追踪能源供应链，不仅可以确定能源源头，还可能获得能源客户的联系。Tomas Malango 设想了一种新的、与以往不同的关系："我想获取一个粉丝，而不仅仅是一个客户。"

能源消费的条件非常苛刻，监管机构坚持要求生产者提供符合排放、污染、可持续性和安全（包括能源）方面的社会标准的产品和服务。一旦市场提供了明确的选择,消费者就会选择更清洁、更可持续的能源,向市场发出明确的信号,加速能源转型。未来,来自社会需求和环境义务矛盾的欺诈性、误导性或不良的能源产品将会出现,而品牌将能够通过避免这种破坏性老化产品来保护其声誉和社会使命。

商业机遇是从根本上重构消费者与能源的关系,并捕捉不断变化的客户关系。推动这种关系的因素很多,包括新的消费者类型、不断变化的态度、新能源产品以及可用且低成本的技术。

例如,想象一下未来的家庭,在其中心有一个智能能源中心,可优化热量的利用,关闭未使用的灯,根据家庭消费量购买能源,在非高峰时间运行高耗能的电器,并将剩余的电能出售给市场。这个模式就会很快成为现实,标志条件为电动汽车占据车库,太阳能电池板出现在屋顶上。

地方电力公司的前景还不明确。但在这场即将到来的共赢能源关系改革中,油气公司可能是最大的阻力。

3.3.6.1 能源追溯

正是能源追溯全面开启了客户关系。通过采用追溯功能,未来的能源公司可以获得基本要素——数据,重构客户关系。

在数字技术的推动下,一个更加美好的世界即将到来,消费者对能源来源充满信心。端到端的能源透明度开启了新市场和全新模式。随着消费者充分行使有意义的消费选择,可以获得深刻的消费洞察力,这对能源公司来说是一个福音,可以改变20世纪90年代建立CRM(客户关系管理)。

3.3.6.2 重新构想能源公司

随着客户关系的改变,能源公司能够重构能源业务的支柱——运营与维护成本、资产财务会计、折旧和收费模式。

随着资本流动透明化,以满足消费者的选择,资本配置应该得到改善。随着资产维护制度更好地反映消费者对特定能源类型可用性的需求,运营成本应该会提高。类似镀金这种现象应该大力减少。

最终,资本市场将受益。市场参与者将把金融投资转向响应客户需求的能源资产投资,这可能会催生一种新的能源产品资产类别。资本市场或许能够更准确地根据能源企业的收入和利润率而不是原始成本或折旧来评估能源企业的价值。最后，可以实现新的业务模式，带来共享出行的转型影响，规模可达数万亿美元；比如没有负罪感的能源、慈善能源、全球能源附加费和完全民主化的能源。

3.3.7 重塑资产负债表

重资产行业的资产负债表中有大量资金被硬资产（如土地、基础设施、建筑和设备）所束缚。现在，其中一些资金可以从资本费用转换为运营费用，这改变了行业的资本模式。另一个新兴的方法包括重组业务模式，以创造更多的共享资产。

3.3.7.1 资本支出转化为运营支出

将资本支出（CAPEX）转化为运营支出（OPEX）会带来许多好处。简单地减少工作中的资本有助于提高回报率，而释放出来的资本通常会被用于更有价值的方面。在石油和天然气领域，实物资产往往运行到其体积、吞吐量和能量的极限，这意味着收益的提高往往与大宗商品定价的改善有关，而不是基础设计。相比之下，运营成本更容易受竞争力量的影响。

油气行业的部分业务的资本回报率和股东回报率已经落后于整体市场，该行业对投资者的吸引力减弱。资本短缺严重阻碍了经济增长。

油气行业长期以来都实施这种转换策略。几年前，石油公司拥有自己的船只、钻井平台、卡车和油罐，但后来这些都变成了租赁或与服务公司签订服务合同。租赁资产本身也有缺点，包括高于必要的备用成本（当资产可用但未使用时）、不透明的租赁协议（实际上是一种表外融资形式）以及限制性合同。每年都有大量的租赁资产（发电机、工具、滑橇）直接从工作场所消失。

新模式是将资本成本转换为基于订阅的运营成本，该运营成本与使用或周期有关。在消费领域有无数这样的例子，包括流媒体服务、翻译软件、托管费用和各种云服务。

在工业环境中，这样的实例包括云分析服务、按需运行服务的机器人，或使用区块链等现代测井工具记录使用情况。基于云的服务不会像租赁资产那样"消失"。

实物资产容易被盗，这些哑巴金属资产新近启用了基于云的软件解决方案，使得实物资产在无法访问云软件的情况下无法运行。人为携货物潜逃的机会消失了。即使是像智能工具（带有嵌入式数字智能的手动工具）这样成本相对较低的产品，也可以像使用苹果的 AirTag 一样信标化，这样该工具就会出现在区块链网上。至于提供认购资产的公司，财务波动性会小得多，每月现金流也更稳定，这改善了自身获得资本的渠道，并改善了估值。新的融资模式成为可能，随之而来的是新的金融资产。更不用说订阅资产还附带了数据作为一项附带价值。

需要克服的典型反对意见是，任何外包资产，包括认购服务或租赁资产，都包括资本费用的嵌入成本，而且石油和天然气的资本成本总是更低。我的不同意见是：虽然资本成本可能更低，但石油和天然气不会投资于该资本以保持其竞争力，最终会累积技术债务来偿还。

3.3.7.2 共享资产

数字化创新允许行业中的嵌入式实体资产被拆分并重新构建为共享资产。SCADA 控制室就是一个例子。

监管规定，特别是管道方面，运营商必须始终完全控制其资产，这为中央控制室创造了商业理由。控制室本身就是一项贵资产。与管道一样，它全天候（24/7）运行，需要符合监管要求，并且可以在各种状况下稳定运行。控制室需要特殊设备，例如冗余的高带宽电缆和电源。而且，为了有效阻止网络攻击中控室必须在物理硬件和数字软件上都保证安全[21]。较小的管道公司缺乏足够资金来抵消此类设施不断上涨的成本。

随着 SCADA 公司使用基于云的基础设施移动平台，共享控制室的想法得到人们的认可。第三方服务公司现在可以将多个小型管道资产作为一项服务运营，并将管道网络集成到一个机构之下来获取规模经济。规模带来了显著的运营效益：

（1）较大的设施对人才更有吸引力，因为有职业发展的前景和接触先进技术的机会。

（2）网络成本可以分散到多项资产上，网络解决方案可以更快速地部署以提高弹性。

（3）受监管的资产越多，获取的数据越多，这就为应用机械工具进行优化创造了机会。

（4）云技术更容易升级部署。

（5）共享设施更能防御疫情的影响，因为运营商随时随地重新部署。

随着时间的推移，控制室可能会变得更加虚拟化、容量更大、更全面，以新的方式连接传感器和设备，并使机械工具能够从优化中获得价值。实现还需要一段时间，但实施路线已经非常清晰。

3.3.8 资本执行

在资本执行方面，油气行业的许多传统观念将被迅速颠覆。一方面，加快资本执行的紧迫性迫在眉睫。那些需要多年才能完成的大型工程项目是典型的能源项目，如今与规定在短短10年显著改善的气候目标背道而驰。另一方面，石油和天然气行业高度依赖建设业，因为石油和天然气每年需要花费近1万亿美元来维持和增加产量，以适应能源消费需求增长，即使需求下降，石油和天然气也需要新的方法。

3.3.8.1 建设转型

工程领域是项目转型的前端，总是积极地采用新的工作方式，这是迫于甲方的压力形成的现象。但是，建筑业的全球价值高达12万亿美元，超过了油气行业，几乎落后于所有其他行业，原因很多[23]：

（1）该行业是劳动密集型行业，通常成立工会，并且技术水平普遍较低。增加劳动力而不是提高劳动力效率通常更有经济意义。

（2）这个行业高度分散，有成千上万的市场参与者。部署数字解决方案非常具有挑战性。

（3）建筑业是高度本地化的，当地规划委员会制定了具体的规章制度。在这种情况下很难实现规模经济。

（4）鉴于创新的价值分配不均，该行业的参与者几乎没有什么动力采取创新。

（5）该行业没有创新的历史，缺乏"基因"。2010年，进入建设行业的创业公司市场的风险资本总额只有800万美元。

到2019年，风险基金每年向各种建设行业的初创公司投入18亿美元，专门的投资基金终于开始致力于改造该行业。一些知名的风投公司（例如软银，SoftBank）瞄准了这个行业。正在建设中的数字初创公司已经取得了独角兽的地位（估值超过10亿美元），包括成立三年但已于2021年宣布破产的Katerra公司[24]。

中国被迫重新考虑建设问题，需要加速工业化，在老龄化之前成为一个富裕的国家。YouTube上有中国以惊人的速度建造办公楼、桥梁、高铁铁路及新型冠状病毒方舱医院的视频。在"一带一路"倡议下，中国在过去十年中修建了15500英里（25000千米）的高铁线路[25]。

与此同时，英国新的HS2（高铁2号）项目——连接伦敦、伯明翰、最终连接曼彻斯特和利兹的高铁线路——的成本已从560亿美元飙升至1430亿美元（约560亿～1060亿英镑）[26]。中国的公司表示，高铁2号项目可以以更低的成本完成，对此我毫不怀疑。虽然中国基建项目的成功与政府的大力推动有很大关系，而英国政府也存在许多问题，如法律、政治和社会障碍。从数字化角度来看，中国在建设的复杂度方面显然具有优势。

2021年，东京主办了因新型冠状病毒疫情而被推迟的2020年奥运会。按照奥林匹克运动的典型做法，东京需要为奥运会修建8套新的设施，建设10个临时场地，并重新使用或改造其他25套设施。但日本建筑工人的平均年龄是60岁，而他们成功地完成了建设目标，着实令人印象深刻，这得益于他们采用了数字技术提高生产率，降低建设成本[27]。

据国际能源署（IEA）估计：建设行业占全球能源需求的三分之一，占全球电力需求的55%，是温室气体的主要制造者[28]。解决气候问题意味着建筑物及其建设项目必须变得更加环保。新技术包括单元化、模块化、堆叠结构、木质大楼和工厂式组装。

3.3.8.2 工程服务的虚拟化

工程总承包（EPC）公司有一个潜在的虚拟业务模式，需要强制采用社交距离实践来证明虚拟EPC业务模式的优点，即：

（1）几乎可以随时从世界任何地方获得驻地专家的丰富经验；

（2）更好地将工程工作分配到经济性最佳的地点；

（3）与同行、专家和客户进行更深入的合作；

（4）更快地执行工作；

（5）以虚拟方式更快地审查、检查和批准；

（6）更好地访问可共享项目的数据库；

（7）提高创新的水平；

（8）更快地采用虚拟方式发布的数字服务；

（9）更好地实现办公室间负载平衡；

（10）减少大型办公室，从而降低成本；

（11）减少与旅行有关的费用和损失的时间，并降低碳排放；

（12）由于拥有更多样化、分布更好的劳动力，因此具有更大的定价灵活性。

最大的变化是资源配置模式，从办公室资源配置转变为能力资源配置。一个完全虚拟的全球工程和采购公司的时代已经到来。与前一种模式相比，它具有显著的结构成本和生产率优势。

3.3.8.3　工程数字孪生

工程业务虚拟化的基础是实物资本项目或已有的成熟资产的纯虚拟化的建设。工程公司多年来一直在进行数字化建设，并逐渐增加这种能力。

一旦数字资产从工程公司的防火墙内释放到云端，数字孪生可服务于公司的整个供应链的需求。现在，所有建筑行业的参与者（设计师、业主、建筑商、工艺师、供应商和检查员）可共同处理一组数据。数字孪生用于模拟可施工性，在现场安装组件，在多个工厂之间匹配工厂组件。数字孪生体中捕获的"建成"数据简化了已建设施移交给运营部门时的交接过程。

正如 Azad Hessamodini 所说，还有很多工作需要完善："数字孪生让我想起了一个关于盲人和大象的印度寓言。没有人知道什么是数字孪生，但每个人都基于或有限或狭窄的个人视角对它有自己的看法。"

在其成长路线中，数字孪生超越了整个行业价值链中特定资产或业务边界。对于一家经营业务完全贯穿整个产业链的国有石油公司来说，这一愿景易于实现。

碳、资本和云

与此同时，供应链中仍然存在巨大隔阂，尤其是 EPC 公司与其制造商之间的差距。将双方汇集到同一个数字平台上，意味着设计师可以在线指导避免施工返工。

在供应链中充分利用数字孪生的理念可以带来以下好处：

（1）随时从世界任何地方获得任何公司的专业知识建议；

（2）将工程工作完全分配给供应链中最有能力的供应商；

（3）整个供应链互相协作，快速执行工作；

（4）尽早识别错误、新出现的问题、瓶颈和限制；

（5）减少争议、返工和交付风险，从而降低风险溢价；

（6）优化最终运营资产和施工进度；

（7）更严格地执行完整的数据资产；

（8）通过更完整的资产数据，提高履约水平；

（9）由于可以获得更多信息，进行更深入的分析。

3.3.8.4 建筑行业的未来

建筑行业有充分的机会利用新技术重振商业模式，例如：

（1）配备摄像头和应用程序的智能手机，用于捕捉安全事故数据；

（2）作为同事和工作助手的机器人；

（3）机器人挖掘设备，用于提高土方工程生产率；

（4）增强现实和虚拟技术，用于设计演练、员工培训和应急响应测试；

（5）用于建筑工地空中监视的无人机；

（6）视觉数据解释，以检测时间敏感货物的到来；

（7）用于捕捉热量、湿度和光照条件的传感器套件；

（8）采购设备、人员和备件的数字市场；

（9）数字标签和代码，通过供应链完全跟踪货物，以实现保修和欺诈保护；

（10）3D 打印，可用于建筑结构、专用零件和现场工具。

随着这些创新进入更广阔的建筑行业，石油和天然气行业将从中受益。目前尚不清楚的是，是否新的业务模式期待这些变化。

3.4 关键结论

石油和天然气行业的业务模式多年来一直非常稳定。以下是对该行业传统观点和业务模式变革回顾中的几个主要结论：

（1）油气行业内有许多固有商业规则，从数据的价值到现金的作用，都面临着数字技术带来的颠覆性变化。

（2）能源供应商和消费者之间的关系正在多个方面得到重塑，为新能源竞争者和服务创造了进入市场的机会。

（3）替代性资本来源正在出现，使化石燃料生产商可以避开传统资本市场，筹集资金，重塑资产负债表。

（4）与其他行业一样，石油和天然气行业出现的新业务模式最初规模较小，无关紧要。但资本供应商已做好投资准备。

（5）大多数新的业务模式都在商品和服务的供应链中，而不是直接在石油和天然气生产商、炼油商和分销商中，可以重视被忽视的机会。

参 考 文 献

[1] "Market Report—Avison Young Calgary," accessed June 29, 2021, avisonyoung.ca/web/calgary/market-report/-/article/2021/05/10/calgary-office-market-report-q1-202-1.

[2] Elliot Smith and Ryan Browne, "How Traders Are Adapting to Life off the Trading Floor in a Global Pandemic," CNBC, May 1, 2020, cnbc.com/2020/05/01/coronavirus-traders-adapt-to-life-off-the-trading-floor.html.

[3] Matthew Farmer, "Third Energy Firm Declares Bankruptcy in Texas Snow Storm Fallout," Power Technology, March 16, 2021, power-technology.com/news/industry-news/texas-snow-storm-bankrupt-fallout-energy-prices-ercot.

[4] "Quality Schemes Explained," European Commission, 2021, ec.europa.eu/info/food-farming-fisheries/food-safety-and-quality/certification/quality-labels/quality-schemes-explained_en.

[5] "Inside the First Fully Automated Offshore Platform," *Offshore Technology*, February 11, 2019, offshore-technology.com/features/inside-the-first-fully-automated-offshore-platform/.

[6] Allison Bench, "Robot Dogs the Newest 'Employees' at Alberta Shell Refinery" *Global News*, March 7, 2021, globalnews.ca/news/7682274/robot-dogs-shell-scotford.

[7] "An Interview with Cory Bergh and Michele Taylor," interview by Geoffrey Cann, Transcript, October 21, 2019, geoffreycann.com/interview-cory-bergh-michele-taylor.

［8］Steven Melendez, "Russia, Venezuela, China Have Explored Using Blockchain to Evade Sanctions: Report," *Fast Company*, July 11, 2019, fastcompany.com/90375316/russia-venezuela-and-china-have-explored-using-blockchain-toevade-sanctions-report.

［9］Pierre-René Bauquis, "What Future for Extra Heavy Oil and Bitumen: The Orinoco Case," World Energy Council, 2006, web.archive.org/web/20070402100135/http://www.worldenergy.org/wec-geis/publications/default/tech_papers/17th_congress/3_1_04.asp.

［10］Claudia Cattaneo, "'As Precious as the Resources:' Data Science Is Oil Industry's Next Big Thing," *Financial Post*, November 24, 2017, business.financialpost.com/commodities/energy/as-precious-as-the-resources-data-science-is-oil-industrys-next-big-thing.

［11］"Enbridge Incorporated: Hazardous Liquid Pipeline Rupture and Release, Marshall, Michigan, July 25, 2010," Accident Report, National Transportation Safety Board, July 10, 2012, ntsb.gov/investigations/AccidentReports/Reports/PAR1201.pdf.

［12］"NTSB Releases First of Six Factual Reports on San Bruno Pipeline Rupture Investigation," National Transportation Safety Board, January 21, 2011, web.archive.org/web/20170519045344/https://www.ntsb.gov/news/press-releases/pages/ntsb_releases_first_of_six_factual_reports_on_san_bruno_pipeline_rupture_investigation.aspx.

［13］Trevor Gemmell, Davis Sheremata, and Kerry Williamson, "Plains Midstream Canada ULC, NPS 20 Rainbow Pipeline Failure April 28, 2011" (ERCB, February 28, 2013).

［14］DeWitt Burdeaux, "PHMSA Safety of Gas Gathering and Transmission Rule," TRC PowerPoint presentation, accessed June 29, 2021, psc.nd.gov/jurisdiction/pipelines/docs/2019%20Pipeline%20Safety%20Seminar/Gas-NPRM.pdf.

［15］"CAN/CSA-Z662-99: Oil and Gas Pipeline Systems," Standards Council of Canada, April 30, 1999, scc.ca/en/standardsdb/standards/7148.

［16］"Key Facts on Canada's Pipelines," Minister of Natural Resources Canada, 2016, nrcan.gc.ca/sites/www.nrcan.gc.ca/files/pipeline-facts/Key%20Facts%20on%20Canada's%20pipelines_8_5x14-access_e.pdf.

［17］Jacquelyn Pless, "Breaking It Down: Understanding the Terminology," National Conference of State Legislatures, March 2011, ncsl.org/research/energy/state-gaspipelines.aspx.

［18］"Biofuel Facts for the Road: The Energy Department and Your Gasoline Pump," Office of Energy Efficiency & Renewable Energy, November 24, 2015, energy.gov/eere/articles/biofuel-facts-road-energy-department-and-your-gasoline-pump.

［19］Anne Ter Braak, "Stahl Selects Finboot's Blockchain Solution MARCO," Stahl, 2020, stahl.com/news/finboot-sustainability-credentials-solution.

［20］Press release, "DHS S&T Silicon Valley Innovation Program Makes New Phase 1 Awards to a Global Cohort of Five Blockchain Companies," Department of Homeland Security, October 9, 2020, dhs.gov/science-and-technology/news/2020/10/09/news-release-dhs-st-svip-makes-new-phase-1-awards-five-blockchain-companies.

［21］Raphael Satter, "Colonial Pipeline: What We Know and What We Don't about the Cyberattack," Reuters, May 10, 2021, globalnews.ca/news/7848118/colonial-pipeline-cyberattack-what-we-know.

[22] "Iron-IQ's SCADA Revolution Press Release," Iron-IQ, March 5, 2021, iron-iq.com/company-news/scada-press-release.

[23] "Global Construction Industry Report 2021: $10.5 Trillion Growth Opportunities by 2023—ResearchAndMarkets.com," Businesswire, January 11, 2021, businesswire.com/news/home/20210111005587/en/Global-Construction-Industry-Report-2021-10.5-Trillion-Growth-Opportunities-by-2023; "Emerging Trends: Venture Capital Investment in Construction Tech," CRETech, November 7, 2019, cretech.com/other/emerging-trends-venture-capital-investment-in-construction-tech-2.

[24] Chris Bryant, "How SoftBank's American House of Cards Collapsed," *Bloomberg*, June 8, 2021, bloomberg.com/opinion/articles/2021-06-08/katerra-bankruptcy-how-softbank-s-american-house-of-cards-collapsed.

[25] "China to Develop Driverless High-Speed Train," *Railway Pro Communication Platform* (blog), March 2, 2018, railwaypro.com/wp/china-develop-driverless-high-speed-train.

[26] "HS2: When Will the Line Open and How Much Will It Cost?" BBC News, February 11, 2020, bbc.com/news/uk-16473296.

[27] "Japan's Ageing, Labour-Starved Construction Industry Pouring Investment into AI, Robots," *The Straits Times*, November 5, 2019, straitstimes.com/business/economy/japans-ageing-labour-starved-construction-industry-pouring-investment-into-ai.

[28] "Digitalisation and Energy—Technology Report," IEA, 2017, iea.org/reports/digitalisation-and-energy.

4　以人为本的变革

变革管理是所有数字化转型成功的核心。

——John Pillay 博士
Worley 公司数字化转型副总裁

对于石油和天然气行业的领导者来说，将数字驱动的变革视为主要的技术问题是非常便捷的。这很容易理解：该行业资产密集，人员相对较少；资产驱动融资和资本；而且，至少在历史上，该行业的信息技术（如 SCADA 系统）本质上是资产的扩展。

数字技术往往会强化这种理念。人工智能技术相对来说出现得较晚，而且仍在发展中。区块链的采用仍处于初级阶段，运输自动化仍在测试中。在撰写本文时，即使是云计算也只有 10% 的市场份额。工业自动化和数字自动化仍然是分离的。

但是，一家公司是否已经从正在实施数字化走向已经实现数字化的决定性因素是它对数字化过程中人的关注。数字技术通常在设计、部署、支持以及更多的执行环节与人类进行交互。

部署数字化解决方案首先要了解企业文化。油气行业是一个非常严谨的行业，关注安全性、结果、可靠性和成本。"冒险"和"前沿"可不是用来描述石油和天然气的术语。然而，它们是吸引年轻人才和鼓励转型的词语。那么，在一个从组织结构上抵制变革的行业中，如何才能培养一种在一定程度上鼓励创新和冒险的文化？

克服变革的阻力是成功的第二个关键标志。变革的推动者需要面对有关数字化的负面说法，诸如：数字化是被夸大其词的胡说八道；是一种暂时的风潮，并不能兑现承诺的回报；或者在传统环境下根本不起作用。那么，变革的阻力是什么样子的？变革的推动者该如何克服行业中的自然惯性？

我花了30年的大部分时间帮助各种组织通过变革改变现状。我不断遇到各种各样的、不同层次的变革阻力。我学会了投入更多的时间和精力，去理解和解决在一个适合冷静产业逻辑的行业中的感性变化。

人类对数字化的感受非常重要。他们是否永远感觉置身于达摩克利斯之剑下而惶恐不安，被置于行业的逆风中不知所措，或者在接受数字技术教育后发现自己是多余的。

业内的许多员工可能正在考虑重塑自己的职业生涯，以实现更加数字化的未来，但却不确定该转向何处。其他员工可能希望转向新能源领域。最终，将会有一部分员工退出油气行业。

但对于那些决心坚持下去的员工来说，也许已经确定了可能的技术变革方向，制定了一个令人兴奋的新业务模式，并提出了需要进行的变革方案。你该如何让你的团队保持一致，为改变他们业务的模式、使用的技术和公司的文化做好准备呢？

本章从石油和天然气行业的文化开始，详细论述了数字化过程中有关人的一面。由于石油和天然气行业自身充满危险性的属性，该行业行动缓慢、谨慎又认真，这使得它从根本上比其他行业更厌恶变革。

▶ 4.1 文化的力量

为了在变革计划上取得成功，需要考虑公司的文化。Jay Billesberger 说："在为即将到来的数字化时代做准备时，我们真正关注的是文化方面，而不是数字化方面。"

公司文化很复杂，难以表达。它可以指员工之间在休息室的互动；可以指公司处理视频会议的方式；可以指公司如何看待业务伙伴、承包商和供应商；可以指公司的价值观和规范。了解文化对于确保变革的有效性是至关重要的，因为文化对变革而言既可以是障碍也可以是促成因素。

公司文化有多种表现方式，每种方式都会以不同的方式影响变革。

2015年4月，壳牌公司收购了BG集团公司。在合并之前，我同时在为两家公司工作。在对比文化中，再没有比这更适合的了。壳牌公司的管理人员希望他们的顾问在整个组织内具有充分的自由性，与其他管理人员会面，并协助协调工作。而BG集团公司严格按等级划分；项目信息的传递受到严格控制；甚至在直属团队之外讨论你的项目工作将被解雇。

不理解这一文化区别导致我受到有史以来最糟糕的一次训斥，来自一位BG公司高管，原因是我错误地越过他向他的同行介绍我的工作，这在壳牌公司是完全允许的，但在BG公司是明确禁止的。

员工和同事之间的文化可以在微观层面上体现出来。人们如何相互交谈？新闻是如何传播的？人们是盲目地服从命令，还是总存在异议？员工是否可以自己设定当天的优先事项，还是由经理设定？了解公司的社会功能对于衡量人们对变化的反应有很大帮助。

4.1.1 行业文化

石油和天然气行业是一个非常谨慎的行业。它通常认为自己的安全标准最高。其员工努力履行所有承诺，并对股东负责。在许多国家，能源被视为一种社会福利；该行业可能会得到政府补贴，实现社会功能。作为回报，油气行业在社会中扮演着主要雇主的角色。

该行业只有在其资产活跃且全天候（24/7）运营时才能赚钱。任何停产或周转的操作都需要尽快维持住现金流。油气行业的资产需要随时保持运行状态，它们使用寿命长、体量大而且具有危险性。因此，石油和天然气行业很看重可靠性。

自觉性也使该行业尽量避免风险。对此，普通大众应该对此心存感激。这个行业的产品很危险。原油有毒、有腐蚀性且易于爆炸。事故和泄漏会造成广泛的生态和社会危害。能源短缺可能导致社会动荡和经济损失。当事故发生时，监管机构和政府会实施严格的新规定。该行业尽可能降低运营风险，以避免负面后果。

然而，这种规避风险的文化也会导致规避变革。如果作业顺利、安全、可靠地运行，那么就很难做出改变。该行业理所当然地对造成灾难零容忍。如果对变革的考虑不周全会降低操作的可靠性，增加成本，并导致事故。

因此，油气公司更有可能成为已经实现数字化创新公司的快速追随者。即缺乏应对变革资源的小公司更愿意追随英国石油公司（BP）和壳牌公司（Shell）等行业领军企业。

对网络安全的担忧也影响了该行业应对数字化变革的准备程度。过去几年，Facebook 的多次数据泄露已经损害了它的品牌形象[1]。数字巨头都能成为数据泄露的受害者，跟更何况能源公司呢？

数字化程度的提高，即使规模较小，也可能造成漏洞，需要进一步开发和完善才能解决。2012 年，沙特阿拉伯国家石油公司（Saudi Aramco）的一处设施遭到网络攻击，这一事件与 2021 年的科洛尼尔管道公司（Colonial Pipeline）发生的事件类似[2]。这两次袭击的公司都具有一定的数字智能化，犯罪分子找到了利用现有系统漏洞的方法。这些系统的安全性不够强，无法处理网络攻击问题，也缺乏快速改进的灵活性。

为了推动油气行业的变革，推动者必须面对这种规避风险、谨慎小心的文化。帝国石油公司（Imperial Oil）上游数字化部门经理 Heather Wilcott 评价道："出于安全考虑，我们建立了一种流程文化。我们奖励那些遵循并坚持这些流程的人。但现在我们希望尝试新的事物。"

4.1.2 企业文化

公司内部的文化决定了其变革的能力。他们的准备程度、他们的人才组合、他们的组织结构和他们的奖励制度都有助于提高接纳和管理变革的能力。

规模会带来挑战。不同的部门可能有略微不同的度量标准，并且随着公司在整个价值链上的成长和扩展，度量标准可能会有很大的差异。如果目标和度量标准之间存在冲突，摩擦就会产生。如果公司正在实现自己的目标，这种摩擦可能是无关紧要的，但在组织压力大的时候，摩擦就会成为问题。

一旦公司各部门之间存在摩擦，它就会成为变革计划的阻碍。部门喜欢原有模式，当来自不同部门的人试图告诉他们如何把工作做得更好时，他们通常不会给予正面的反应。

从管理的角度来看，设置明确的目标预期并促进相似的目标和绩效指标的匹配，可以显著地改善引入变革的前景。这在规模更小、业务专一的公司更容易做到。小型的上游公司可以更好地同步所有部门完成两口复杂水平井的产量交付目标；一家在不同国家运营多种资产的公司，将很难让员工拥有共同的愿景。

> 我喜欢区分在企业中工作的人（工人）和在企业之上工作的人（变革者）。工人们专注于日常操作，并完成日常工作，以保持业务的进行。他们重视稳定性、可靠性和可预测性。变革者关注的是如何纠正低效率、增长的机会和创新。他们重视不断改善结果、提高竞争优势。
>
> 当出于善意的企业变革遇到工人们精心维护的工作现状时，就会出现许多变革阻力。

即使在个人层面上，数字化的努力也会受到阻碍。公司内部以抵制变革的形式所能容忍的事情决定了成功的步调。正如一位高管所说："20%的人是热衷者，60%是依从者，10%的人坚持抗拒，10%的人会努力阻挠变革。"

4.1.3 接受文化

正如我们已经确信的，企业文化会为变革造成障碍。这些因素来自油气行业的整体文化、单个公司的文化、特定部门和团队的文化，以及员工之间的文化关系。采取措施对做出正确的变革非常重要。必须在需要时适应文化，或者在必要时改变文化。

如何知道公司是否已经准备好迎接数字化创新带来的变革？为什么不收集一些数据呢？如果公司制定了一个优雅、精致、颠覆性的项目计划，结果却发现不被重视，团队缺乏执行能力，员工认为新计划对自己造成威胁，以至于他们推进工作缓慢或拒绝执行工作，这样的计划是没有意义的。正如已故的管理学大师彼得·德鲁克（Peter Drucker）提醒我们的那样：文化把战略当早餐吃。当你从事数字化项目的工作时，应该了解公司在多大程度上准备好了应对变革的结果，为此，需要了解关于整个公司在变革态度方面的信息。

（1）管理者对变革的看法与普通员工的看法有区别吗？有时，以高可靠性和最小的干扰来衡量问题的管理者，会对引入数字创新感到相当矛盾。数字创新感觉像是会带来更多的工作一样。有时，员工们会简单地将变革视为"更多的工作，相同的报酬"，或"老板在监视我"，或"自动化在抢走我的工作"。他们可能对任何形式的变革都感到非常的愤世嫉俗。

（2）相对于油田一线作业的工人，在公司办公室上班的员工可能更容易接触到有关数字化创新，他们的看法如何？诚然，数字化可以在办公室工作的很多方面得到应用，但油气领域真正的数字化应用大部分（如果不是全部的话）还是会出现在油田现场。

（3）不同的员工群体，例如技术人员、专业人员和管理人员，如何看待变革？你可能会觉得，技术人员和专业人员是最开放的，并且最清楚数字化变革是如何影响行业的，但真的是这样吗？这些人的工作往往与难以被取代的特定技术紧密相连。那么采购呢？采购坚持认为，任何数字化创新都应该已经在市场上了（然而已经在市场上技术，可能根本算不上是创新技术）。

如果你的公司对数字化的态度存在显著差异，需要采取一些行动来帮助提高数字化转型的可接受性。但是，收集员工态度的数据涉及各区域的办事处，分布广泛。这些区域的工作全天候运转，需要多个班次的工人来运行机器，因此很难采访或联系到每个人，仅仅是到达现场就可能需要几天的时间。

处于市区的规划部门和遥远的油田现场办公室之间的差异可能导致缺乏统一的规划或信息。正如 Heather Wilcott 所说："我还是会遇到很多工人级别的人员，他们从来没有听说过我们正在做的事情或他们的业务部门的发展路线图。"

目前存在一种对面临变革的组织进行数字化准备度调查的实用方法。调查工具无处不在、易于获取、价格低廉并且能应付多种环境。Mailchimp 和 SurveyMonkey 这两套调查软件垄断了市场，吸引了大量用户，所以本文从这里开始。

你的第一个挑战是调查的总体设计，包括调查的问题、详细程度、所需时间。较少的调查内容可以得到较高的回复率，但收集的数据会少。设置调查内容使其具有"响应性"，这意味着可以在任何手机、平板电脑或浏览器上、随时随地完成。以下是一些需要考虑的示例问题：

（1）你对以下数字化技术熟悉吗？手机 APP、云计算技术、物联网技术。

（2）与我们的竞争对手相比，我们在利用数字化优势方面做得如何？

（3）数字技术在改善我们业务方面的潜力是什么？

（4）为了从数字化进展中获益，我们需要在哪些方面做出改变？

（5）探索和实施数字化进展时应该优先考虑哪些内容，才能使业务受益？

这些问题将决定公司如何看待数字化，以及对企业文化对变革的态度是什么。收集的数据越多，就越能准确地洞察公司将如何看待数字化变革，以及应该如何制定战略、收集信息和应用方法。

4.1.4 为成功而重组

员工会对数字化变革的终极目的感到好奇。这对人们来说可能是积极的，因为他们的才能和技能正在通过变化的岗位职责而得到提升和发展，但也可能带来不好的猜忌。因为新变化除了会丰富工作内容之外，还常常导致工作岗位的变化。对许多人来说，数字化创新只是"用机器人来完成人类的工作"的代名词。

但实际上采用数字化技术是这样的：假设一项新技术可以节省10名员工10%的工作时间，那么与原来相比，我们就相当于解放出一名员工的劳动力，在重新组织安排工作后就可以赚取更多的利润。作为采用该技术的一部分，需要提前明确组织安排，并承诺会支持那些被节约的人力在公司的其他岗位找到新的工作，或得到一份可靠的再就业计划。

数字化变革可以帮助公司转变角色和职责，更好地利用员工的才能和时间。成为一名优秀的领导者并积极引导变革能使你看到组织有哪些不足和可以改进的地方。你还需要准备好灵活的应对措施，因为可能无法立即看出哪个角色最适合哪个员工。正如我的一位受访者所说的，管理者希望员工出去修井，而不是花几个小时在电子表格上来试图决定哪口井是最重要的。

在石油和天然气行业，数字技术并不意味着裁员或埋没人才。公司需要充分发挥团队中所有人的才能。最重要的是，领导者需要支持公司里的员工和团队，而不仅仅是支持变革。

支持意味着不要因为数字化试验失败，或者错过了月底的截止日期，或者发生了支付错误，或者承诺的结果没有实现而训斥团队成员。数字化领导意味着在人们需要的地方帮助他们，考虑他们的批评和建议，清除障碍，并告诉员工结果会是什么样的。

这意味着既不能只关注技术，也不能只关注公司的整体利益。你需要鼓励员工们使用新技术。

公司中间有一种"永久冻土层"。董事会和管理层意识到了变革的必要性，一线员工希望看到改进，但关键绩效指标（KPI）、采购规则和文化造成了这个冻结的中间层。

——Azad Hessamodini
伍德（Wood）公司战略与发展部总裁

4.1.5 正确传达信息

数字化通常被视为人力的替代品。员工会对威胁工作的变革保持警惕。许多创新，比如自动驾驶汽车，已经被认为是用自动化取代司机的一种方法，而不是提高驾驶安全性或驾控感。如果石油和天然气行业在文化上已经抵触变革，那么任何看似带有威胁的创新都将会被拒绝。

信息必须正确，数字技术才能得以坚持。如果你想让公司员工接受这些新技术的引入，那么就必须从积极的角度来看待它。以下是一些传达信息的方式：

（1）成长和竞争力。强调数字化所带来的成长机会。不仅要围绕降低成本或提高效率，还要围绕公司如何通过数字化创新实现成长来进行讨论。

（2）创造和充实就业机会。强调创造新的就业机会和改善现有的就业机会。指出可以使用数字技术创建新的工作或岗位。

（3）安全和安保。强调现代数字技术的安全性和可靠性。明确公司和员工的职业不会受到威胁。描述数字化创新如何不危及安全文化，而是有助于加强安全文化。

4.1.6 创造条件

下一步就是创造条件，使变革得以成功。

一般来说，当石油和天然气行业的变革速度放缓、有条不紊的、并在严格的资本回报倍数（Multiple of Capital Contributed，MOC）流程下处理时，这种变革是可以接受的。考虑到处理碳氢化合物所涉及的风险，这种缓慢变革的方法有助于避免过于机械性变化造成的灾难或不安全的隐患。

将硬技术❶与后台设置相比，后者有纸质文档、Excel 电子表格和工程软件。一个灵活、容错的后台办公环境是快速实现数字化的重要领域，而该领域需要时间来满足安全性和合规性的要求。稳定的后台设置是一切工作的基础，为快速、成功的变革提供了很多的机会。正如 Jay Billesberger 所说："你不可能从地板上摔下来。"

一旦了解了员工在公司的思维方式、他们可能会如何应对变革，以及考虑到他们的兴趣，并根据他们的思维定势确定叙事的架构，你就为员工接受数字化创造了条件。随着时间的推移，甚至可能会经历更广泛的文化转变，假设得到了领导层的支持，就会朝着更开放、更包容、更敏捷的业务文化转变。

然而，主要格外关注一类人——阻碍变革的带头人，暂且称他们为"刺猬"。无论已经做了多少工作来对文化进行调整，这类人仍可能会在任何情况下出现。

▶ 4.2 应对变革的阻力

变革阻力是指公司、部门、团队或个人拒绝或无法接受变革。有时员工不理解变革的内容和意义，有时他们担心在变革后表现不佳的后果，有时他们就是不同意变革。

4.2.1 "刺猬"——抵制变革的带头人

一提到变革的抵制者就让我想起了刺猬，一种英国乡村很常见的可爱的小动物。我把抵制变革的人称为"刺猬"，因为在变革的迹象出现时，他们会蜷缩成一团，并表明自己的反对意见，这让他们很难参与进来。战争期间拦截坦克的常见海滩防御系统也被称为"刺猬"。它由钢铁制成，设计成不可移动，有很多尖锐的边缘，如果你正面攻击，杀伤性很大。

面对数字化机遇，一家石油公司的首席财务官遇到了来自部门经理的令人费解的反对意见。他的公司收购了一大笔石油资产，而卖方已经运送了一箱箱与该资产相关的纸质文件（这并不奇怪，因为石油资产已

---

❶ 硬技术（译自英文 Hard Technology），指有形的技术，可以购买并组装成辅助的技术系统。——译者注

经经营了几十年）。这位首席财务官要求将文件转换为数字文件，从而使文件更易于搜索，然而部门经理们强烈反对他的建议，并声称"如果想从这些文件中找到什么，我们去翻它就可以了"。

然而，没有一位工程师真的愿意把时间花在查阅布满灰尘的文件上。毕竟，这项工作更适合档案管理员，而不是工程师。这位首席财务官怀疑，由于没有人查阅这些旧的资料，他最终会不得不再买一次这些数据和分析。

在管理方面有很多"刺猬"。"刺猬"们会说："这在石油和天然气行业里不起作用"，或者"我们可以用更便宜的人工来做"，或者"我们受到太多的监管，太分散了，过于业务对业务了"，或者"我们的运营是 7×24 小时的，除非在周转或紧急情况下，否则不能脱机。"Heather Wilcott 将其描述为"'是的－但'综合症。'是的，我可以按你的要求做，但是我们不如这样……'"。

例如，多年前投入使用的棕地❶工厂和设备从来不是为数字世界设计的，难以支持无线网络，通常是手动、纸质、机械和以人为中心的，很难做出变革，而且"刺猬"经营这种工厂的情况并不罕见。即使是受疫情大流行影响之后，面对石油市场的动荡，"刺猬"们仍然质疑数字化解决方案是否有任何价值。

4.2.2 "刺猬"负责人

以下是"刺猬"掌权时发生的事情。

缓慢的变革速度：由"刺猬"掌权的变革速度必然会很缓慢。所有可能的突发事件和遥远的黑天鹅事件都需要研究和深入理解。"刺猬"面临着源源不断的新风险，无论影响如何，任何事件都会受到同等程度的关注。

糟糕的人才前景：阻碍公司数字化变革的"刺猬"正在无意中造成人才流失，更糟的是造成人才零吸引力。石油和天然气行业的员工在经济衰退期间被迫接受了市场纪律方面的培训，他们知道自己是可有可无的，可能会另寻出路证明自己的职业生涯。如果不是"刺猬"在阻碍变革的话，这种情况本不会发生。

---

❶ 棕地（译自英文 Brownfield），指待重新开发的城市用地。——译者注

谨慎胆小的数字化策略:"刺猬"促进小步骤的进化,而不是大的变革。他们坚持要求数字化推进要在多年时间内缓慢开展。由于数字化创新同时影响到经济的各个方面,并在疫情中加速发展,董事会转而要求管理层进行全面的数字化战略更新。

"刺猬"的生态系统:"刺猬"在现有企业文化生态系统上加倍努力,还有一些供应商和"刺猬"一样,对变革反应缓慢。但在接受数字化技术方面积极主动的是小型初创公司,他们约束少、决策快、初始审批门槛低,更能吸引创造性人才。

"刺猬"的团队思维:"刺猬"会雇佣其他"刺猬",创造一种自上而下的阻碍变革的思维模式。这体现在一线员工基于安全考虑采取阻碍创新的行动中,尽管安全和创新不应当是非此即彼的。为什么数字化创新被定位为反安全的?这当然是"刺猬"团队能想到的最好理由。

我花了很多时间与油气领域看似出于善意的"刺猬"交谈,这些"刺猬"在外交技巧方面训练有素。以下是他们用来阻止数字化项目取得实际进展的三种策略。

4.2.2.1 他们会设法控制对话

不喜欢变革的人最初可能会试图控制对话,因为对话的成本很低。

任何关于数字化的演示或培训都必须在现场进行,因此变革推动者必须更加善于控制对话,推进新观点的交流,并化解那些有关数字化隐晦但却轻蔑的语言。

问题是许多重要的石油和天然气设施处在偏远的地区。一些地方坚持要求油气供应商在极不方便的时候无偿提供情况汇报,这极度缩减了此类会议的次数和持续时长,以及参会专家的人数。如果没有合适专业的专家参会,很多问题都无法在会场解答。

拜访行业领袖以评估数字技术带来的机遇是非常有价值的。然而,许多石油和天然气站点基于对安全、工时损失或成本的考虑,会拒绝参加会议或课程。

有时公司可能出资送员工去参加培训、会议或考察。不同的站点选派的参加人员通常不是最有影响力、最能干的团队成员,因为这些重要成员总是有更重要、更紧迫的工作。相反，影响不大或工作量较少的员工会被选派。不用说，不受同事重视的员工是无法让团队相信数字化是一个值得马上拥有的紧迫技术。

4.2.2.2　他们会放慢步伐

如果公司已经在奠定数字化基础方面取得了一些成功，但你会发现，与数字行业的变革速度相比，公司的变革速度似乎慢得出奇。事实证明，变革的热情很容易拖延。

保持节奏很难。任何一位管理者都可以提出无数的理由来解释为什么数字化转型的时机尚未到来，如一些新设备正在交付中、公司其他一些必须优先考虑的事务占用了大批人员，等等。

减缓数字化工作进程的一个常见理由是，请变革者提供足够令人信服的证据来证明所提出的数字化解决方案是完全无风险的。这意味着众多客户需同在一个地理位置，从事完全相同的业务，并且愿意公开谈论他们的经验。这些条件几乎是不可能同时满足的，所以若要完成这样的工作，只能祝你好运了。

要说服那些具有高负面影响力（网络"喷子"是目前影响力较大的阻碍）的人真的很难。采用完整的MOC过程实现数字化变革，也许可以抵制这些高负面影响力的人。

最后一个也是最常见的阻碍数字化进程的原因是油田缺乏网络连接。现场人员往往指出，卫星网络太贵、不可靠、数据传输量有限。

4.2.2.3　他们会阻碍进步

第三个也是最后一个问题是执行过程中的困难。在数字化变革中需要接触某些关键资源，如一个经验丰富但极其繁忙的工程师。要求他们深度参与数字化变革是很困难的，因为他们年度的业绩指标是固定的，并已在年度工作任务中备案。参与数字化变革会占用工程师们的时间，意味着业绩指标将无法兑现。变革实施者需要为工程师、公司的老板和其他依赖于这个指标的人提供免责保证，否则这些工程师将无法参与到数字化项目中。

数字化是要尝试一些事情，看看哪些是有效的，哪些是无效的，但油气行业要求做有效的事情。只有研发人员才会尝试做一些可能行不通的事情。油气行业的员工通常有明确的目标要实现，也知道如何使用现有的工具实现这些目标。若让他们尝试一些新的、不确定奏效的方法，很可能遭到拒绝。

在几次失败后，过快地停止数字化项目是另一个阻碍变革的做法。一家石油公司开始尝试采用机器人过程自动化工具来解决电池均衡问题。在工作人员彻底搞清楚失败原因前机器人已经失败了几十次。在多次失败后找到原因，在最后阶段修正问题使机器人重新正常工作，这会对公司业务造成巨大的破坏。因此，许多石油公司在几次尝试失败后就停止了开发。

4.2.3 将"刺猬"清除出去

经理们确切地知道"刺猬"是谁。"刺猬"不喜欢一切形式的变革，不仅仅是数字化变革。许多人在他们的职场角色中是成功的，因为他们拥有别人没有的专业工作技能，很难被取代。但是，在环境和资本市场的双重压力下，留住专业人才的成本会越来越高。数字技术实际上正在替代一些领域专家的工作，他们可能被替代的时代正在来临。

私募股权公司非常了解这一点。2006年，我帮助私募股权公司堡垒投资集团（Fortress Investment Group）收购了加拿大休闲产业公司 Intrawest（高尔夫球场、滑雪场）。在温哥华 Intrawest 公司呆了一段时间后，我在纽约会见了 Fortress 集团的经理们，与他们讨论了公司战略，还有自己观察到 Intrawest 公司经理们非常抵制变革的现象。Fortress 集团所有交易的理念都是试图保留现有的管理层，但在随后几个月的耐心讲解与分析之后，如果管理层还不同意变革，那么就会被要求离开公司。

▶ 4.3 学会信任数字化

管理变革阻力的一部分是理解信任的问题。人们很难相信新技术。这是因为他们不了解技术是如何运作，对自己的工作和作为员工的价值担忧，以及他们目前对已有技术的倚重和信任。我有一个亲身经历的案例，在成长过程中，我目睹了爸爸的工作。他是个数学天才，能准确地在脑子里算出一长串数字。但有一天，老板给员工们发了计算器，这是最酷的技术，有非常先进的计算和读数功能，外形美观、颜色好看，而且更换电池就可正常使用。可是有趣的是，爸爸不太信任计算器，他会根据老板的要求先用计算器计算一遍，然后再重新用手算一遍。这要感谢爸爸生活的时代，那个时代的数据量还可以手算算出正确的数字。

然而，数字化带来的变革是翻天覆地的。数字化解决方案所能带来的变化比以前的任何技术都更加广泛、更具文化性、更能带来工作方式的巨变。

4.3.1 机器的崛起

数字化改变了我们与机械工具的关系。回想一下我为思考数字化创新所勾勒出的框架：

（1）物联网（传感器）产生数据流。

（2）人工智能及其相关技术，如分析和机器学习，获取、解释和分析数据。

（3）自动化（机器人）在现实世界中应用这些数据来完成工作。

（4）云计算包含了大量的数据、智能和机器人控制。

（5）区块链去中心化的特性可以使整个过程中，传感器、人工智能引擎、机器人等设备和算法都正常运转。

有很多证据表明这个框架是基于现实的：

（1）谷歌公司的工程师们通过人工智能引擎直接管理能源的调配、利用，为他们的全球数据中心节省了40%的能源[3]。

（2）英国石油公司（BP）将其在美国的油气田运营移交给人工智能，因为人工智能引擎一旦学会如何优化资产，就会在油田运行方面表现出色[4]。

（3）Ambyint从赫斯基（Husky）那里获得了一笔可观的订单，在一个油田部署其前沿的人工智能设备，这笔交易将在两个月内就可以收回投资[5]。

（4）Suncor和加拿大自然资源公司（CNRL）已经在它们的重型运输作业中使用机器人[6]。

（5）保时捷和其他汽车制造商将区块链技术融入它们的最新款车型以创建新的客户服务，并为自动驾驶汽车奠定基础[7]。

与数字技术一样，这些技术都不算是新技术。人工智能领域的历史可以追溯到计算机出现之前。第一台数字可编程机器人"Unimate"诞生于1954年[8]。10年前，在线机器人技术起源于网络游戏行业。区块链基于3种技术（分布式计算、点对点网络和加密），所有这些技术都起源于最早的计算机。

但仅仅是阅读它们就会让人产生一种轻微的不适感，因为，仿佛机器正在接管一切事务工作。

4.3.2　工作正在不断发展

这些推动工作变化的自动化模块没有表现出厚此薄彼。它们在同等程度上影响着重工业和轻工业，只是速度不同而已。自动化目前在农业中的应用非常普遍，农民使用无人机监督种植、灌溉和控制害虫。在航运业，无人驾驶货船正在进行实地试验。材料科学、医学、媒体甚至零售业都有数字化技术应用的身影。

特别是能源行业正在经历第二次转型，因为全球希望更多地利用电能，减少使用化学能，尤其是在交通领域。这种转变对能源工作有着巨大的影响。当前，当我们将化学能转化为人类所需的能量时（例如在汽车发动机中燃烧汽油），需要人力监督、维护，以防止含有这些化学物质的机械装置黏连、过热或磨损。总体而言，电动齿轮的活动部件要少得多，需要清洁、冷却和更换的部件数量大幅减少。

这样发展的结果必然是需要较少的员工来维护设备。现场进行监督的人员、使用工具来测量设备的运行情况、润滑零件、检测异常的声音或气味的人员都会相应减少。与基于化学能的机器相比，电气设备更适合使用机器人、远程控制和远程监控技术。

远程控制技术在实践中并不总是可行的。例如，我们目前已经掌握了飞机无人驾驶的所有技术；现在也有无人机飞行比赛，展示无人机的各项功能。潜水器和直升机也是如此。但如今，没有任何一家航空公司提供无人驾驶的航班服务。无人驾驶飞机技术的应用现状表明，成功的技术必须符合MASA原则——最先进的、同时也是社会可接受的（Most Advanced, but Socially Acceptable）。

许多至关重要的资产，尤其是在重工业领域，仍然需要一支健康但昂贵的现场人力管理团队。而且在远离人类居住区的偏僻的工厂里几乎不存在使用变革相关技术（例如谷歌眼镜）的压力。

这就引发了一个问题，为什么管理团队（尤其是能源部门的管理团队）在面临严峻的环境和竞争力挑战时，已经预见到自动化即将到来，仍会拒绝接受更高水平的自动化技术呢？

4.3.3 新技术的不确定性

多年来，石油和天然气行业已经消除了许多不确定性。自20世纪80年代开发SCADA系统以来，工程师们一直依赖于40年前设计的技术模型。模拟传感器是根据已知的工业标准制造的，直接嵌入设备中，并硬连接到控制面板或在前端安装的压力表上。在工业标准中没有不确定性，在设备和量规必须通过的符合性测试中也没有不确定性。铜线非常坚固，SCADA系统已经可靠地工作了几十年。将数据直接从历史数据库中提取出来，放到一个可信任的员工的电脑上的Excel电子表格中进行分析和解释。这一过程所涉及人员的数量是已知的。

工程师们知道这些东西是怎么工作的。几十年来，这些模式一直是课程和学科的一部分。年长的工程师将这些知识传授给新员工。

新技术给这个稳定的世界带来了新的不确定性。想象一下，在一台设备上安装一个新的现代无线传感器，使用云上的人工智能引擎来解释数据，并根据结果做出决定。以下是8个不确定因素：

（1）传感器本身、技术特点及其是否符合工业标准；

（2）传感器的安装以及正确获取数据的可靠性；

（3）传感器的供电及其可靠性（AA型号的电池不符合要求）；

（4）传感器产生的数据和潜在的危害（嵌入式传感器不会像捆绑式无线传感器那样容易受到损害）；

（5）将数据从传感器迁移到云分析引擎的无线网络的完整性；

（6）算法作者的技术能力；

（7）算法本身的完整性；

（8）算法产生的结果。

人工智能的支持者对油气行业采用人工智能技术的缓慢步伐感到沮丧，但大多数专业人士并未对上述不确定性提供任何有用的回应，一些技术使用规范或标准在一定程度上阻止了人工智能技术的成功应用。例如，专家们不能够或不愿意清楚地解释人工智能算法在技术上是如何工作的,也许是因为担心他们的知识产权(IP)会受到损害,这意味着油气行业的工程师必须无条件信任人工智能。

4.3.4 油气领域的人工智能

我们假设有一家勇于尝试的油气公司启动了一项人工智能计划,推出了一种全新的算法,并希望能取得成果。假设它们能够解决传感器来源、网络可靠性、电源和连接等问题。(请记住,油田工程师并不了解算法是如何工作的。)很快,公司开始使用该算法进行分析。

考虑下面的4个场景:

(1)我们都是对的。该算法正确地解释了数据,解释结果与工程师认为应该得到的结果是可以匹配的。人工智能机器得到了改进,但公司在人力已经能完成的事情上花了大量钱财感到恼火和不值。智能机器的应用将会被拖延。

(2)智能算法是对的,是我错了。该算法正确地解释了数据,但这种解释结果与工程师认为应该得到的结果是不同的。油田工程师面临一个两难的境地:这是误报吗?我是针对一个不确定的结果采取建议的行动,还是忽略建议的行动、依靠自己的直觉或人工测算?公司要求的绩效指标和目标迫使工程师权衡业务和个人的后果,以确定安全的路径。

如果机器是正确的,并且证明工程师一直都是错的,该怎么办?会有影响吗?谁会想要这种尴尬的处境?

我们的工程师恢复使用以前的分析方法,不再使用机器。他失去了人类和机器同时学习的机会,还将花费时间和金钱试图复制算法。但是,至少他可以声称避免了一场可能发生的灾难,也不会因为一台机器而感到尴尬。

但是,如果他遵循机器的建议,无论在短期内(因为更明智的决定和更少的浪费资源)和长期内(因为机器变得更聪明)都是更好的。

(3)算法错了,我是对的。该算法错误地解释了数据,工程师也承认解释是错误的,这迫使工程师依赖于以前的技术和分析。这种情况工程师也会很生气,因为公司花了很多钱在一个不起作用的东西上,而他的待遇情况并没有好转。随后,工程师的丰富经验会被算法学会,算法会变得更聪明,修复漏洞后,有可能让工程师失业。

（4）我也不知道。该算法错误地解释了数据，但工程师不能说解释是错误的，因为他也没有更好的分析方法。该工程师又一次陷入了两难境地：如果机器出了问题怎么办？如果他听从了机器的建议，但没有用，是他自己的错吗？

他陷入困境，除了执行别无选择，结果失败了。他会在下次绩效评估时为此承担后果，但至少他可以对算法稍加修改。让算法更聪明一些。

上述例子说明了石油和天然气行业在面对这些新技术时所面临的问题。为什么我们不信任机器来执行一些关键的任务（即使对于机器显然会做得更好的任务）？可能有以下几方面的原因：

（1）在与他人的互动和相互依赖的关系中建立信任是我们与生俱来的。我们和机器的关系就不一样了。机器做出的决策缺乏基于人类需求，所以我们不觉得自己是决策过程的一部分。

（2）在很大程度上，我们关心是否值得那些依赖我们的人信赖。机器并不在乎人类如何感知它们——它们只是按照指令行事。机器的开发人员不愿公开他们复杂的专有算法是如何运行的。

（3）人类具有极强的适应性，当事情出了问题的时候，人类可以解决问题。由于快速学习，机器在这方面做得越来越好，但我们仍然对它们的能力没有足够的信心。

（4）人类能够进行判断，比如何时打破规则或创造新事物。但机器被指令束缚着，而我们又对机器自行打破指令的想法感到不安。

（5）人类可以对自己的行为负责，并对奖励和惩罚做出良好的反馈。在整个人类历史上，我们有长期（尽管不完美）对他人施加后果的经历，这是作为人类的核心经验。我们更愿意让一个人类"掌舵"（或至少是随时掌握情况，监管机器进行监督控制）。

（6）机器可以使用游戏化理论进行编程，以响应奖励和避免惩罚，但只是在逻辑层面，他们不会在情感层面上有任何响应。如果人类犯了错误，对他避而不见可能会使其知错而改。但如果你对犯了错的机器这样，他只会对你做相同回应。

4.3.5 信任的 5 个要素

如果我们要使智能机器充分发挥作用，我们就需要信任。

为了获得信任，特别是在工业环境中，有一些非常具体的问题需要克服：

（1）性能不足。这台机器能正常工作吗？它能满足需要吗？

（2）缺乏长期跟踪记录。这台机器在演示或试运行中可能表现良好，但我怎么知道它能否长期工作，在每一种可能的条件下（如，寒冷和炎热的极端天气，失去动力或通信的条件，偶遇意外的操作，其他紧急情况和异常）都可以工作？当环境完全崩溃，需要解决问题和适应环境时，我还能依靠它吗？

（3）缺乏诚信。机器不会有道德感（除非我们给它们编程），所以如何知道机器会对我们诚实？毕竟，我们已经知道，现有的算法（或它们的设计者）对数据的处理不一定是真实、简洁的——想想那些与社交媒体巨头有关的无数丑闻即知。或者，在重视安全性的工业环境中，机器将如何处理相互冲突的决策标准，比如自动驾驶汽车必须解决的"电车难题"？[9]

（4）缺乏清晰度。为什么机器会做出决策？在什么情况下这些决策会发生改变？当条件或驱动因素发生变化时（例如，油价变化或有人提出收购我的公司），我如何实时影响这些决定？

（5）缺乏责任感。如果机器做出了一个糟糕的决定，我该如何让它负责？我能给它处罚吗？此外，在复杂的工业环境中，许多参与者的许多小决定加起来会产生较大的影响——我如何区分出机器的决定与其他人的决定的关系？

如果我的自动驾驶汽车因为我的操作导致其做出错误决定而收到超速罚单，那么我应该支付罚单。然而，如果软件的编写方式让汽车自行加速，那么软件供应商应该支付罚单。

在油气领域，如果由于供应商设备的新升级，应用人工智能钻井管理程序得到了比预期更好的财务回报，那么我们的合同中是否应该规定如何分享这些额外的好处？

这些都是关键问题，我们该如何回答？为了使我们和发挥智能机器达到最佳的合作关系，我们需要信任机器，这引出了信任的5个组成部分：

（1）能力。我是否认为信任关系中的所有参与者都有足够的能力履行各自的职责？

（2）可靠性。我是否相信所有参与者都会在一致的基础上可靠地履行这些职责？

（3）透明度。我是否认为我充分了解关系中的其他参与者正在努力实现的目标？他们会做出与我将要做出的决定相一致的决定吗？我能影响他们的决定吗？他们的决策会让我知道吗？

（4）一致的诚信。我是否相信其他参与者总是诚实的，遵守我们商定的原则或行为准则？我们是否按照兼容的优先级进行操作？换句话说，我们有共同的价值观、道德和伦理吗？

（5）一致的职责和动力。我是否相信其他参与者想要得到与我相同的结果？我们所有人的利益是否一致？是否存在有意义的激励（奖金）或威慑（后果）来帮助维持和培养这种一致性？

请注意，这些组成部分不仅涉及事实（例如，另一方是否有能力），同时也包括感知（比如，我是否相信另一方有能力）。如果事实和感知之间存在不匹配，将不会有好的结果。

如果对方有能力（或可靠性等），但我有一些怀疑，那么就没有信任可言。类似地，如果我相信这些属性（能力等）存在，而实际上它们并不存在，那么最终真相就会露出来，这种不匹配将导致信任的破裂。

这5个要素不仅必须存在，而且我们还需要确保关系中的双方都知道它们，并且每个人都真正了解它们的存在。

还要注意的是，这5个要素必须始终存在，否则信任就会受到损害。我们的许多互动都采用"信任增长"的方式。随着时间的推移，信任会随着证据的增加而建立，这些证据表明这些要素已经存在。哪怕其中一个要素缺失时，即使是暂时的，事情也会倒退一步，需要重建信任。

信任不仅需要赢得也需要维持。我们所有人都经历过，这需要努力和投入。

幸运的是，每台机器背后都有一个团队（设计师、程序员、操作员等）。至少在某些时候，建立和维护信任确实需要与他们一起进行。作为智能机器的用户，我们需要向技术设计师和供应商明确表示，希望的解决这5个要素的具体方式，我们称之为数字化创新的社会契约。

4.3.6 保持对智能机器的信任

为了赢得并维持对智能机器的信任，数字技术的设计师和供应商需要非常明确地解决信任的 5 个组成部分：

（1）能力。这是供应商最容易证明的一个部分，证明产品（智能机器、算法）在测试条件下能够达到所承诺的性能即可。

（2）可靠性。这一点更难证明，因为现在的性能保证不仅需要涵盖"简单"或"正常"的操作条件，还需要涵盖可能遇到的各种极端情况（"边缘情况"）。此外，可靠性的一致性可能会因具体情况而定。对于个人导航和交通应用程序（80% 的可靠性可能足够好），我的一致性标准可能与航空公司的导航和飞行控制软件（最好大于 99.99%）存在很大的不同。

也许解决办法是允许人类干预决策过程，这样更善于解决极端情况问题的人类就可以解决极端情况。然而，这并不意味着人类需要每人占一个岗位，以超市在自助结账通道是如何处理问题的为例，一个人工出纳员负责 6~8 个柜台，只有在出现问题时才介入。这使效率提高了 80% 以上。

（3）透明度。正如我们之前指出的，人工智能的开发人员需要克服自我，开始以用户可以理解的方式分享他们的软件是如何工作的。

（4）一致的诚信。确定行为的一致原则可能具有挑战性，特别是对于一些极端情况。然而，如果开发人员不与客户充分开诚布公地就如何实现这一目标展开对话，那么在使用过程中就仍然不会存在充分的信任。

（5）一致的职责和动机。给机器赋予一个有意义的处罚是困难的。然而，一旦就智能机器的工作目标达成一致，再加上决策原则和实现方式的一致，那么职责就可以通过这些协议落在智能机器的负责人身上。

这种方法将人性化融入智能机器中，提供了一种威慑和激励之间的平衡，不仅鼓励可靠性和刺激创新，而且符合人类的思维方式和动机。随着我们部署越来越多的智能技术、自动纠错系统和自动设备，我们需要用技术改变我们的信任方程。成功的变革领导者将会预见到数字技术正在改变信任方式，并将采用新的策略来解决与技术有关的信任问题。

▶ 4.4 数字化领导

在进行了关于数字技术对油气行业影响的各种探讨之后，对数字技术的需求应该是越来越强烈的。但数字化石油和天然气领域，领导者的人才输送渠道是什么样的？

我私下里认识一个人，他从一个首席信息管理者（CIO）最终成为一家大型石油公司首席执行官，他就是帝国石油公司前首席执行官蒂姆·赫恩（Tim Hearn）。

要经营一家大型石油公司，高管们需要了解油气发现、生产、提炼和销售的各种过程。石油公司的高层管理人员经常变换角色（也许每3~4年），以获得经验。石油公司受益于拥有一个健康的领导人才库。事实上，在大型石油公司中，在升迁的道路上，财务和信息技术等日常职能部门的轮岗并不罕见。

4.4.1 人才通道建设

在阐述油气行业的数字化创新时，我不可避免地从数字技术进入工业的变化开始谈起。许多油气行业的专业人士仍然在寻找有关数字化的定义、基本概念、示例及应用效果的入门书籍。

这种有关数字化的谈论很有用，我非常乐意参与其中。只有对相关术语、变革驱动因素、关键技术和业务案例有基础的理解，人才问题才有可能得到彻底的解决。人才问题之所以存在是因为还有工作需要被完成，但工作仍需要被定义。

经常在类似的数字化议题开始一个小时后，谈话内容就不可避免地转向了人才问题。其实，大多数高管都清楚，数字化变革将是巨大的（事实上它的确是）；但他们真的不知道自己需要什么样的人才，也不清楚自己拥有什么样的人才，更不确定这些人才在哪里，但他们非常确定自己的组织很缺人才，包括在自己的IT机构内。正如帕特里克·艾略特（Patrick Elliott）所指出的，"信息技术的传统角色本质上是防御性的，即保持系统运行、防止网络攻击、保持正常运行时间。几乎没有给增长空间和创新的机会留有余地。"

高管们抱怨没有足够的懂数据的人员。几乎没有特别熟悉信息技术的员工担任领导角色，有人工智能、物联网、机器人和云计算经验的公司董事更是少之又少。他们最多希望投入一些平淡无奇的小型科研项目，投入的资金少、没有太多监管，当然也不会产生明显的影响。

当然，如果给予足够多的时间，也许特别熟悉信息技术的员工最终会升迁到公司领导的位置，假设他们有足够在工业领域晋升的优势——有着工程背景，曲折的事业轨迹使他在油气行业的各个领域都工作过。但我不认为在数字化快速发展的今天，油气行业有充裕的时间等待这些数字化专家升职。

油气行业的企业文化对发展数字领导力造成了严重影响。真正成功的、处于事业上升期的高管们不愿意投资数字化创新等新领域。因为把宝贵的职业资本花在新颖、有风险、容易失败的技术领域上，可能会在履历上留下污点，阻碍晋升。作为一名高管，很容易说服自己不具备资格在数字化领域工作，而数字化就是IT（互联网技术）。此外，由于该行业面临着激烈的竞争、碳排放压力和价格波动等诸多挑战，除了数字化技术之外，还有大量的职业发展机会可供选择。

实际上，油气公司没有多少高管对领导一个数字化项目很热心，更不会去跟CEO申请这种项目。他们更愿意运行新的石油设施或建造新厂，这样更好、更稳妥。

我的结论是，具有数字化创新和转型经验的高管将长期存在系统性短缺。随着时间的推移，这种短缺将导致对少数成功高管更高的需求，未来很长一段时间内具有丰富数字化经验的领导群体规模较小。

随着数字化正在影响着各行各业，这种对数字化专业领导能力的人才的短缺正在各个公司中出现。

想要填补数字化领导人才短缺面临的挑战其实相当明显，包括企业文化的阻碍、薄弱的渠道、行业内外对人才的竞争、对需求的困惑以及对高风险的认知。这不是油气行业第一次面临领导层的挑战。事实上，大宗商品行业多次经历了繁荣期，这给人才输送带来了压力，该行业已经有一些应对方案。

4.4.2 轮换人才

2019年3月，大型云计算公司（谷歌、亚马逊、微软）齐聚剑桥能源周（CERAWeek），向业界推介他们的云计算和人工智能产品[10]。这些数字公司发现了石油巨头惊人的盈利能力、现金流、数据强度和全球性的规模。毫无疑问，他们做了计算，得出的结论是，石油公司庞大的资产负债表需要投入必要的资金，以支付能源行业的脱碳目标，同时他们也在通过自动交通工具瞄准自动驾驶领域。

但大型数字公司不具备了解大型石油公司面临的商业挑战所需的专业知识。数字化产品已经销售给许多行业，而显然，石油巨头迄今还不是一个认真的买家。

我认为，数字公司会欢迎将一些人才输送到油气行业，作为交换，将一些油气人才转到数字公司。亚马逊将受益于在油田资产和 SCADA 系统中实现数字智能的挑战，而石油公司也将受益于了解亚马逊如何设法每隔几秒钟就发布新软件。

4.4.3 开发生态系统

现在，几乎每个乡镇和城市都设有一个或更多的科技孵化器、加速器、联合办公空间、创作工作室、兴趣社区、开发实验室、实地试验区和创始人俱乐部。这些创新的工作模式中充满具有解决各种问题的人才，在这里你可以找到科技发明家，也可以找到各类创新者。

这些地方也是一个招募人才的沃土，因为初创公司的要求很高，工作节奏是无情的，不确定性正在流失，成功率很低。引用《指环王》中金姆利（Gimli）的话："死亡是必然的。成功的可能性很小。我们还在等什么？"[11]

肯定会有一些才华横溢的人在加入一家初创公司后，会对该公司的发展方向、领导力、不可预测性或薪酬感到失望。只有一些领导将兑现承诺，并寻找新的方向和机会加以利用。

4.4.4 拓宽视野

当石油价格飙升至每桶 100 美元以上时，公司必然会蓬勃发展，但会再次发现领导梯队过于薄弱。大型石油公司不再严格根据经验招聘员工，而是根据长处从任何行业招聘员工。当今的数字化转型时代面临相同的情况，跳出油气行业的常规界限招聘人才。

但从哪些行业来选聘呢？我仔细观察了采矿业，因为一些矿工已经开始重新思考如何在数字化创新的时代发挥自身价值来创造未来的矿山。此外，大型数字公司本身就在招聘候选人的范畴，原因上文已经进行了阐述。清洁能源技术具有双重优势，因为这类公司已经对能源行业的变化了如指掌，并将数字化解决方案纳入了其业务模式。

我不会忽视面向消费者的公司，尤其是那些已经彻底取消前台人员的航空公司（现代旅行者在不知不觉中行使了售票员、值机柜台和行李搬运工的职责），已经实现运营自动化的披萨公司，联邦快递公司（FedEx），他们几乎已经成为了计算机公司。

最后，但很重要的一点是，我仔细研究了先进制造业。石油和天然气行业的工作，尤其是在上游，看起来越来越像某种制造业，而不像是随机寻找油气的勘探者。调出谷歌地图（Google Earth）并对焦到得克萨斯州米德兰（Midland）周围的沙漠，可以看到令人瞠目结舌的油气开采规模。

4.4.5　变革推动者的重要品质

一个公司会有一个或几个人负责帮助公司推动数字化创新。变革推动者可以拥有多种商业头衔中的任何一种，但他们的主要工作是为业务部门或团队创造条件，以采用某种数字化创新技术。他们基本不具备权力直接推动业务部门的变革，因为这项工作属于业务部门领导的职责。

变革推动者要应对业务文化挑战。他们需要解决企业内部人员的担忧，还必须对付所谓的"刺猬"。优秀的变革推动者热衷于改革和实现更好的结果。石油和天然气行业中的变革者主要：

（1）受过工程教育；

（2）能够成功解决发生在不同领域的问题，包括油田作业、工厂管理和供应链；

（3）是成熟的员工，而且不太可能是数字化专业背景的人员；

（4）换句话说，他们看起来和我一模一样（不包括工程专业的学位）：技术型管理人员、分析能力强、经验丰富。

变革推动者很快就能理解为什么油气行业的变革如此艰难。首先，其他行业的数字化创新通常与油气行业的安全性、可靠性和全天候性能需求不一样。数字化创新的价值更难以用工程环境中常规的准确度计算，因此更难获得资金批准。数字驱动的变革看起来很像是对主流业务文化的攻击，而这种主流文化难以更改。

比较好的变革推动者往往具有以下特点：

（1）人脉广、受人尊重、有影响力。让变革发生意味着能够较好地利用个人和业务关系，因为变革推动者往往不是领导者，他们无权简单地通过发号施令让变革发生。

（2）有耐心。要改变人们的想法需要花费大量的时间和精力，而数字技术日新月异，数字化更像是一段过程，而不是终点。

（3）良好的沟通技巧。变革推动者不断地向广泛的受众传达他们的想法、对组织的愿景、变革的影响以及变革的好处。他们应该是真实的、有说服力的、令人信服的人。

（4）高度的同理心。好的变革推动者对他们的信息如何被接受以及如何影响他人非常敏感。毕竟变革对很多人来说都是具有很大威胁性的。

（5）不屈不挠。数字化永远不会真正"结束"，因为技术和业务模式都在不断演化。变革推动者坚持不懈地推动数字变革向前发展。这往往需要更多的尝试、经历很多的错误，好的变革推动者在面对逆境时不会轻言放弃。

（6）具有整体观念。数字化发展的好机遇是跨领域和多学科，新业务模式的开启往往有利于思维开阔的变革推动者。

（7）以业务为中心。不是针对业务中存在的问题发起的技术变革往往会失败。应首先从业务开始允许变革推动者更精确地瞄准解决方案。

（8）不满足于现状。好的变革推动者不满足于现状。他们倾向于追求持续的改进。

4.4.6 变革推动者的工作战术

精明的数字化项目负责人会仔细考虑该数字化项目变革中的人为因素。对于那些被期望热情拥抱数字化创新的员工来说，很少有人愿意讨论舒适工作圈外的世界。

（1）锁定赞助和支持：成功的变革推动者将他们的努力与组织中的高层领导联系在一起。数字化工作遵循试错模式，高失败率需要强有力的执行与支持。如果一线部门的员工认为他们没有管理层的支持,他们就不会在新技术上投入太多时间。

（2）定好叙事框架:好的变革推动者会创造出令人信服的沟通或故事,来回答来自该领域的问题:

① 变革的愿景是什么?转型后的企业有哪些引人注目的远景能让其他人接受这种变革?

② 这对受影响的员工有什么好处?数字化变革的成功有哪些积极的好处?生产力的提高如何转化为个人成长而不是失业?

③ 数字化变革的历程有什么不同?"快速失败"在实践中是如何起作用的?如果错过了数字化试验的最后期限,谁会在背后支持员工?

（3）推动教育:推动变革已经够难了,而当员工群体对产业创新的速度和程度缺乏了解时,就更难了。好的变革推动者会尽一切可能对员工基层进行教育,以帮助减少他们对变革的抵制。

（4）调整绩效考核指标:当企业领导者的努力和成果得到考核时,变革推动者会发现将数字技术引入企业要容易得多。这些考核不必很复杂。仅仅使得经理们做一件数字化的改变足以引起领导们的注意就够了。

（5）管理投资组合:与广泛采用的ERP（企业资源计划）系统不同,ERP的影响往往强制与所有其他项目之上,数字化则是一系列较小的变化。好的变革推动者会进行一系列的试验、概念验证并逐步扩大规模。

（6）交流成果:优秀的变革推动者经常广泛地分享他们的成功和失败。正如一位高管所说的那样,"当人们打电话给你,要求根据他们在不经意间听说的内容进行演示时,你就知道你的转型之路已经产生了正面的影响。"

4.5 帮助员工应对变革

尽管能源行业以严苛的标准审视自身,但它的雇员仍对变革感到不安,需要人帮助他们安抚情绪。

4.5.1 他们正在经历什么

设想在一家化石燃料公司工作的员工可能对该行业产生的感受。

他们很可能持有该行业的股票，最有可能是他们自己公司的股票，而这些股票的市值很可能较买入价格还低。但愿他们的养老金的来源更加多样化一点。他们可能现在已经开始担心自己的退休保障了。

这些人甚至可能拥有公司的股票期权，但是除非期权的价格非常高，否则他们可能永远也不会赚钱。

他们最大的资产——房子的价值令人怀疑。如果他们有自己的住房，并且是居住在美国得克萨斯州、达科他州和加拿大西部的石油城，那么这些房子的价值实际上与油气行业的命运休戚相关。这些房主们时时刻刻担心自己的房子已经贬值，可能根本就卖不出去。

他们都认识一些人，通常是朋友、兄弟姐妹或亲密的同事，在过去5年里被解雇过，或者现在随时可能被解雇，同时几乎不可能找回他们的工作。而其中一些岗位的削减是由于一些数字化创新造成的。

这些人的孩子将从学校里了解到反对化石燃料的消息，甚至还会参加气候游行或罢工。因此，这些孩子可能再也不会像以前那样崇拜和尊敬他们的长辈。

曾经，油气行业的管理人员一直认为，安全性、可靠性、低成本和卓越运营是该行业最重要的事情，而且目前几乎没有资金和时间进行现代化改造。这与变革的发生完全不符。Cory Bergh 是这样说的："人们是被雇佣来做某项工作的。他们并没有重塑这项工作的责任。"

想象一下可能会发生在员工头脑中的对话：

- 我基本上做了 20 年同样的工作，没有什么真正的变化。我用来工作的文件仍然是纸质的。
- 我从来没有学过编程，也不理解这些数字化的东西。当然，我有一部智能手机，但那是我最"数字化"的物品了。
- 我的公司正在为数字化变革"做些事情"，但我只是个旁观者。在数字化创新开始扩大规模之前，我可能都不太了解它们。
- 我是不是太老了，已经学不会这些东西了？
- 我都快退休了，为什么还要冒这个险呢？
- 如果年轻人不想在这里工作，我为什么要关心这些事？
- 我非常清楚地知道如何开展当天的工作，并实现所有的工作目标。我为什么要拿它去冒险？

- 我现在哪里有时间学习新东西？所有的人都离开了，我的负担已经够多了。
- 如果我出错了怎么办？会不会有什么不好的事情发生在我身上？
- 谁会支持我？
- 奖励回报是什么？
- 我正在被一个正在被淘汰的公司和一个正在被淘汰的行业所淘汰。
- 我感觉被抛弃了，我为未来担忧，为变化而迷失，为退休而忧虑，为失业的威胁而失去勇气，社会对我忘恩负义，它从我的工作中获益，但并没有有效地保障我。
- 我的公司甚至不准备讨论这个问题，因为毕竟石油和天然气没有感情，只有数学。

4.5.2 利用人类情感做驱动杠杆

最优秀的变革推动者透过组织内部员工的视角看待世界，并询问变革的方法是否对这些员工心中的疑惑进行了响应。让我们把它拆分开来，揭示贪婪、恐惧和骄傲这三个非常人性化的潜在动因，正是这三个因素组成了有效的架构。

贪婪：人们知道如何使一个现有的系统为自己的利益工作，并使利益最大化。而且人们也知道该采取什么手段，如何相互关联，在哪里隐藏自己的错误，如何提高成果。降低期望的沙袋效应在哪里都是一门艺术。当事情出了岔子，他们知道该"甩锅"给谁。如果这些人成功地完成了工作，那也就没有变革的动力了。

恐惧：在油气行业有种非常典型的，很多人离升职或离休太近了，他们不会因为一些自己不了解的事情而失去获得奖金的机会。如果在变革中出现问题，他们可能无法解决，或者他们可能没有时间去解决，而且也不知道该甩锅给谁。如果数字化真的有效，就会暴露出曾经已经"运转良好"多年的机器其实存在缺陷，这可能导致他们直接失业。

骄傲：作为顶层的经营者，人们理应为自己当之无愧的声誉感到自豪。但说实话，很多年长的领导甚至不知道如何使用自己的智能手机。但他们不可能在工作中展示自己对数字技术的无知，这肯定会让他们被扫地出门。

如今，油气行业面临的挑战是，行业外部不可控的反对力量（来自资本市场，以及 ESG 方面的压力）正在制造一种压倒性的恐惧感。数字技术未来将如何影响就业的不确定性，也让人们担心自己的生计。

为了抵消这些负面力量（恐惧），好的数字化项目会重新构建叙事的方式，突出积极的一面（贪婪）：

（1）更好的工作，更少的苦差事；

（2）通过定期在家工作实现事业与生活之间更好的平衡；

（3）通过防止技能过时对职业进行保护；

（4）提高竞争力，这可以转化为成长、晋升的机会，以及获得更好的薪酬。

其中一家公司甚至将数字化工作的结果与短期奖金计划挂钩，这意味着员工可以看到数字化对他们的直接薪酬（贪婪）产生了多大影响。不用说，人们对数字技术的兴趣开始高涨。

变革推动者也知道，那些不太热衷于变革的人会有很好的理由维持现状，而这些理由大多是基于恐惧——害怕职业稳定会受到威胁，操作可靠性会受到影响，从而错过最后期限。而且，一旦实现了自动化，就没有人会再理解这项工作了。人们应当感激自己所面对的困难，并为接下来的讨论做好准备。

对于一个引以为荣的行业来说，利用自豪感更是一个挑战。油气行业在可靠和安全运行方面有着长期良好的历史记录，尽管偶尔也会发生事故。这需要多年的培训和经验才能精通行业的方方面面。油气行业利润丰厚。

在公司层面，骄傲可以转化为品牌。许多能源公司现在都在努力实现碳中和，其中一家公司正在将自己定位为同行中"最具数字化"的公司。聪明的变革推动者将越来越多地按照创造数字行业领先地位的思路来谋划与他人的沟通。

▶ 4.6 数字化应用的阶段划分

变革推动者的工作是帮助尽可能多的员工尽快地经历数字化应用的各个阶段，如下图所示。

不能保证超越任何给定的水平；每个人都按照自己的节奏前进，他们的进步同时受到外部力量和内部影响者的积极影响和消极影响。

这些阶段可以定义如下：

（1）不了解。员工不熟悉公司的数字化目标和议程。他们没有接触到任何有意义的关于公司发展方向、根本原因、影响或期望的沟通。

（2）怀疑者。几乎所有的员工起初都是怀疑者，因为当前一切运转正常，而公司多年来一直在加强对员工的遵从感，此外，新的数字技术还没有经过实际场景的验证。

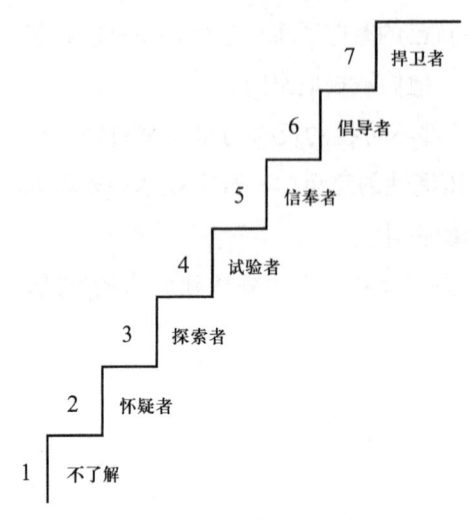

数字化应用的阶段划分

（3）探索者。许多初级员工和一些有经验的员工对新的创新改革感到好奇，并寻求新的信息和知识。他们参加相关变革的午餐会、学习班、网络研讨会和演讲。但他们可能仍然是个怀疑者。

（4）试验者。试验者是一名领导者或管理者，他愿意进行试验或概念验证，并鼓励团队中的探索者和怀疑者参与试验。试验者虽然还没有做出承诺，但愿意在实际场景中学习。

（5）信奉者。信奉者参与了一个成功的改革试验，现在已经认识到了数字化创新的潜力，以实现其预期的利益。信奉者愿意参与新的实验和试验，并引导应用。成功的变革推动者会试图建立一大批能够推动变革向前发展的信奉者。

（6）倡导者。倡导者也是一名信奉者，他还鼓励其他人（同行）参加应用的各个阶段。倡导者会有助于变革技术的加速应用。

（7）捍卫者。捍卫者在业务单位或团队中担任数字化应用项目的领导角色。第5章中的案例研究列出了变革捍卫者所发现的一些成功策略。

4.6.1 帮助员工实现职业转型

数字化变革推动工作变革。石油和天然气领域的许多工作类别都很容易实现数字技术转型。有一些工作岗位将消失，还有一些工作岗位或将发生巨大变化，也将会创造许多新的就业岗位，尤其是在支持数字工具方面。可以预计，许多石油和天然气行业的专业人士工作将受到影响。

数字化解决方案将在石油和天然气行业一些享有特权的专业岗位中引发艰难的调整：

（1）卡车、起重机和建筑等设备的操作会变得机器人化、自动化[13]。

（2）地震、储层和生产等领域的数据解释会由人工智能实现[14]。

（3）对于设施的管理活动（如实地访查、检查或日常维护），通过利用视觉传感器，可以让我们省去亲临现场的麻烦[15]。

（4）生产会计和财务等后台任务会转向人工智能和区块链[16]。

（5）国际上的产品交易，包括购买、销售、租赁、运输和接收，都会转移到区块链上。

当今，石油和天然气行业的任何人，如果从事的工作任务仍与2015年大致相同，这可真是让人感觉吃惊。

从道德方面讲，公司有义务帮助员工适应数字化变革。这可以通过支持和培训员工，利用提高人力资源能力而不是取代工人的技术来实现。

让人们变得更好的方法有很多，有多种方法可以让数字化成为帮助油气行业解决问题的工具，而不是制造问题。

4.6.2　蓝海战略

如果你还没有读过欧洲工商管理学院（INSEAD）的 W. Chan Kim 和 Renée Mauborgne 合著的《蓝海战略》（*Blue Ocean Strategy*），不妨读一读这本书[17]。该书的基本前提是：企业就像帆船一样，应该避开拥挤而竞争激烈的海洋，避免残酷的定价和微薄的利润。相反，企业应该驶向竞争对手少、扩张空间大的蓝海。随着行业数字化浪潮的展开，这是一个考虑重新定位职业的好方法。驾着你的事业小船驶向数字蓝海吧。

但是，油气行业数字化的蓝海在哪里呢？

数据专业化：传感器产生的数据量如此之大，超过了以往油气公司所使用的工具软件（Excel）。只有像人工智能和机器学习这样的新型现代工具软件才有能力消化、修复、处理和解释海量的数据。数据科学将成为很多工作的一部分。

敏捷的方法和流程变更：对工作内容和工作流程的重新思考需要能够理解数字工具和方法的人员。所以一直需要具备编程知识的专业人才，而该行业的传统技术可以继续持续多年。对于行业中已经雇佣的那些精通敏捷方法、用户体验设计（UX）和设计思维的人员来说，通过选择低代码和无代码工具等技术，肯定会得到成长，从而承担起工作变革创新的任务。

技术支持：由于严格的监管，油气业务必须对其采用的技术进行维护投资。因此，对一系列新型数字化工具的技术投入和专业知识的需求将持续存在。云计算、增强现实、区块链、工业物联网、网络和流程自动化工具已经推动了对相关技能的需求。这些数字化技术的发展速度远比油气行业的发展快得多，而且同时在许多行业（农业、矿业、公用事业、物流、制造业）都有极高的需求。

这三个方面表明，对多种数字化技能的需求越来越紧缺，从而为那些拥有这些技能的人提供了高薪工作。通过将石油和天然气领域的专业知识和技能与稀缺的数字技能结合起来，行业内的专家创造出一种独特而罕见的组合。目前的教育系统还没有培养出具有敏捷工作实践、编码和数据科学等数字技能的石油行业专业人员。找到教师、修改课程和获得认证都需要时间。但学校已经在着手解决这个问题，不久这些新技能人才将陆续出现。

如今，刚从学校毕业的初级石油工程师不仅是数字原生代（在数字技术的包围下成长），而且能够编写代码，并将数字化技能应用于油气行业。

4.6.3 做你想做的职业

那么，你如何进行职业转型，以便更好地为数字化的未来做好准备呢？

第一步是选择一片蓝海。你具体关注数字化领域的哪个方向并不重要。可以随便选一个，因为它们都很抢手，而且增长速度非常快。参与任何与清洁技术、数字化或可持续发展相关的活动。这就是需求所在。例如，预计2022年的热点领域之一是数据科学。

成为你所在领域的数字油气田的权威：

（1）学习一两门课程。大学和学院都在尝试开设新的课程。或者从一开始就通过数字化方式，在网上学习。

（2）下载数字技术软件的免费版本，并将其应用到你的领域。当你说出"我实际上已经在区块链上编写了一个智能合约"时，相信你的老板会为此震惊，并且欣喜。

（3）改进你的在线形象，并在个人简历上强调你不仅是一名油气专业人士，而且是一名数字化油气专业人士。

（4）写一篇到两篇文章，展示你如何将数字化理念带入石油和天然气领域。发表个人观点有助于提高本人的可信度，而有自己的观点会让发言讨论变得更有趣。

（5）访问石油和天然气领域的数字创业公司。大多数石油和天然气公司都有一个新成立的数字创新部门，他们总是在寻找新的人才来推动部门的发展。而且，也许你的下一份工作是在一家科技公司，而不是石油公司。

（6）在你所在城市的孵化器和加速器做志愿者。意外收获知识的碰撞是硅谷成功的秘诀之一。

4.6.4 当一切都失败时

正如油气行业的许多专业人士一样，你也有可能会失业。你现在该怎么办？

要提醒自己：石油和天然气行业的裁员通常是对行业供需失调的回应。正如本书第1章所述，这与个人无关，而与资本稀缺、需求不确定、供应过剩有关。

虽然没有详实的证据，但历史经验表明，油气行业资本支出的削减最终会扼杀石油和天然气的供应。一旦发生这种情况，石油和天然气的需求就会超过供应，价格就会回升。然后，企业重新开始支出资本，循环又重新开始。

因此，许多人选择等待，因为目前油气行业的工作待遇不错。当经济复苏时，你在石油公司或大型企业的工作经验是很有价值的。这表明你有一定的大型复杂公司运营经验，而且可能接触过复杂的设备和系统。该行业就喜欢有经验的人才。

但除此之外还能做什么呢？

（1）寻找增长点：不管油气商品的周期如何，分布全球的一些油气盆地将继续提高油气产量。产品已预售或基础设施固定成本较高的盆地往往具有吸引力。

液化天然气（LNG）的供销就是一个很好的例子，因为天然气销售已经完成签约。现有的大型盆地，如加拿大的油砂、中东地区和海上的油气工业，将继续获得投资。

（2）成为一名创业者：这并不适合每个人，但可以考虑一个创业方向。石油公司可能偶然成为创新和实验的孵化器，但它们通常不擅长商业化。也许有一些技术或解决方案由于资本限制或内部繁文缛节而被石油公司搁置，这可能成为一个商业发展的平台。可寻找一些具有外部吸引力（也就是说，不局限于某一家公司）、价格回升时需求旺盛的产品。清洁技术和数字化解决方案都是候选的领域。

（3）转行做顾问或承包商：把你的时间和精力重新分配给前雇主有时是有效的。岗位可能会消失，但部分工作不会消失，运营商需要将其外包才能完成。大型咨询公司通常按照同样的逻辑运作，即分析、物流、资产管理和供应链等领域的工作仍然存在。

（4）从事运营或生产工作：拜访运营部门。石油和天然气领域的项目工作可能更令人兴奋，因为预算巨大，时间紧迫。但当公司没有项目时，运营业务可获得现金流。在行业低谷时期，现金为王。

（5）尝试进入科技部门：看看科技部门，尤其是那些向石油和天然气销售成本或生产率解决方案的大公司。这些机构通常拥有强大的技术实力，但缺乏石油和天然气领域的专业知识。这同样适用于专注于石油和天然气的初创公司。他们可能擅长人工智能，但对石油和天然气知之甚少。

（6）再就业培训：你可以考虑投资一些热门领域的培训，比如数据科学、机器学习、云计算和区块链。这些领域正呈指数级增长，而与它们合作的专业知识却并非如此。此外，你的石油和天然气技术与一种新的数字工具的结合在人才市场上将是独一无二的。

（7）专注于降低成本：在大宗商品行业，唯一可持续的优势是成为低成本生产商。要善于精益生产、持续改进、流程再造。现在，在一家拥有多种业务的石油公司中，成为低成本业务的一部分是一个很好的选择。

（8）提升人际关系网：未雨绸缪，加强石油和天然气行业外部的人际关系网。如果你暂时没有油气行业外部人际关系网，那么可能是时候开始构建一个了。太多的行业专业人士都倾向于建立自己公司内部的人际关系网，而当裁员开始时，这些人际关系网就消失了。

4.7 关键结论

技术人员坚持认为，上帝在短短 6 天内创造了世界，因为他不需要担心种种框架限制。事实证明，数字化是一项具有挑战性的改变人类的举措。

（1）石油和天然气行业在结构上与变革格格不入。该行业的性质形成了一种规避风险的行业文化，并因此产生了规避变革的文化。

（2）各个公司都面临着各自特定的变革挑战，要想让变革取得成功，就需要解决其文化的细微差别。

（3）"刺猬"在整个行业中司空见惯，必须要对他们谨慎管理，以控制他们影响变革的阻力。

（4）智能机器和算法为行业带来了巨大的希望，对机器建立信任以加快接受度和部署速度。

（5）领导层需要与数字化保持一致，并致力于学习有效的数字化基础知识和技能。

（6）以人为本。人力工作正在经历变革，必须获得具有专业知识的人才支持。数字人才并没有成群地等待油气行业的招揽。

参 考 文 献

[1] Aaron Holmes, "533 Million Facebook Users' Phone Numbers and Personal Data Have Been Leaked Online," *Business Insider*, April 3, 2021, businessinsider.com/stolen-data-of-533-million-facebook-users-leaked-online-2021-4.

[2] Jose Pagliery, "The Inside Story of the Biggest Hack in History," CNN Business, August 5, 2015, money.cnn.com/2015/08/05/technology/aramco-hack/index.html.

[3] Sam Shaed, "Google Is Using Its Highly Intelligent Computer Brain to Slash Its Enormous Electricity Bill," *Business Insider*, July 20, 2016, businessinsider.com/google-is-using-deepminds-ai-to-slash-its-enormous-electricity-bill-2016-7.

[4] Bernard Marr, "How BP Uses Big Data and AI to Transform the Oil and Gas Sector," Bernard Marr & Co, 2020, web.archive.org/web/20210408210811/bernardmarr.com/default.asp?contentID=1378.

[5] MacGregor, "Husky Energy Deploys Ambyint's AI Technology."

[6] Jaremko, "Canadian Natural Planning Test of Autonomous Oilsands Heavy Haulers."

［7］"Blockchain: The Key Technology of Tomorrow," Newsroom: The Media Portal by Porsche, November 1, 2019, newsroom.porsche.com/en/company/porscheblockchain-technology-opportunities-digitization-16800.html.

［8］Shimon Y. Nof, ed., *Handbook of Industrial Robotics*, 2nd ed. (New York: John Wiley & Sons, 1999).

［9］In brief, will a self-driving car be forced to kill its passengers in order to spare a bystander in the event of an accident? Judith Jarvis Thomson, "The Trolley Problem," *The Yale Law Journal* 94, no. 6 (May 1985): 1395, doi.org/10.2307/796133.

［10］"Tech Firms Ramp up Efforts to Woo the Energy Industry," *The Economist*, March 16, 2019, economist.com/business/2019/03/16/tech-firms-ramp-up-efforts-to-woo-the-energy-industry.

［11］Peter Jackson, *The Lord of the Rings: Return of the King*, Blue-Ray, Fantasy (New Line Cinema, 2003).

［12］Joe Samson, "The Impact of Oil Prices on Calgary's Home Values," JoeSamson.com, November 18, 2014, joesamson.com/blog/the-impact-of-oil-prices-on-calgarys-home-values.

［13］"Automation," Volvo Group, accessed May 20, 2021, volvogroup.com/en/futureof-transportation/innovation/automation.html.

［14］Sara Reardon, "Rise of Robot Radiologists," *Nature* 576, no. 7787 (December 18, 2019): S54–58, doi.org/10.1038/d41586-019-03847-z.

［15］See, for example, Osperity, which offers "AI driven intelligent visual monitoring and alerting for Industrial operations"; osperity.com.

［16］BOE Report Staff, "Oil and Gas Leaders Collaborate Using Blockchain Technology to Help Cut Costs," BOE Report, February 14, 2018, boereport.com/2018/02/14/oil-and-gas-leaders-collaborate-using-blockchain-technology-to-help-cut-costs.

［17］W. Chan Kim and Renée Mauborgne, *Blue Ocean Strategy: How to Create Uncontested Market Space and Make the Competition Irrelevant* (Boston: Harvard Business School Press, 2005).

5 数字化应用案例研究

在开启数字化之旅之前,我们做了很多分析,但却未能预见到,数字化将如何促进公司发展壮大,进而获得更大的市场机遇。

——James Rakievich

McCoy Global 公司首席执行官

在为撰写本书而进行相关研究的过程中,我发现许多公司都热衷于分享他们在数字应用方面所做的努力。虽然他们之间存在着很多共性,但并没有任何两家公司的做法完全相同,这说明,在数字化技术的采用方面没有"万金油"。

以下是经过甄选的案例研究对象,其涵盖了价值链的上游、中游和下游公司,这些公司的业务遍及全球大多数地区,包括:

(1)主营上游设备的国际设备供应商 McCoy 全球公司（McCoy Global）;

(2)3家北美上游公司:帝国石油公司（Imperial Oil）、木星资源公司（Jupiter Resources）和 NAL 资源公司（NAL Resources）;

(3)由安桥公司（Enbridge）创建的北美中游初创企业 NorthRiver 中游公司（NorthRiver Midstream）;

(4)欧洲下游产品生产商 VARO 能源公司（VARO Energy）;

(5)综合性国际油气公司雷普索尔公司（Repsol）;

(6)两家国际服务公司:伍德集团（Wood Group）和沃利公司（Worley）。

每个案例研究都展示了相关公司在推动数字化转型过程中采用的 4~5 项关键战略。此外,还对各种策略进行了总结,如果有公司希望将这些策略作为自身战略的一部分，可供参考。我在采访时所使用的指南放在本书的附录部分，该指南可用来评估所在企业在加速数字化进程方面的进展。

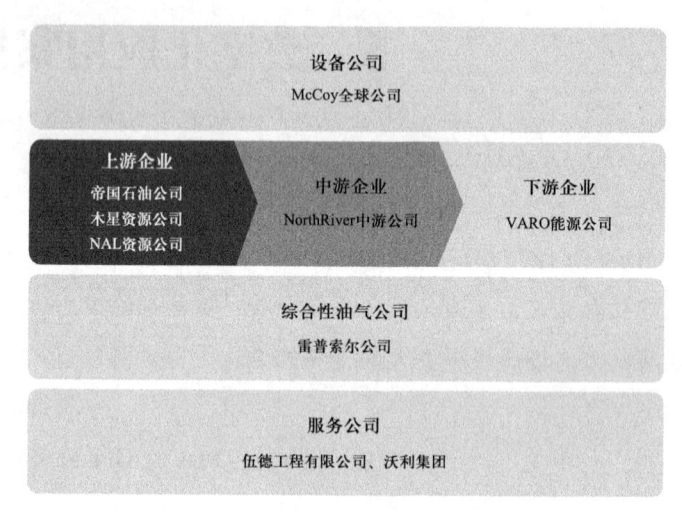

```
                    设备公司
                   McCoy全球公司

    上游企业
   帝国石油公司        中游企业           下游企业
   木星资源公司      NorthRiver中游公司    VARO能源公司
   NAL资源公司

                   综合性油气公司
                    雷普索尔公司

                     服务公司
                伍德工程有限公司、沃利集团
```

案例研究公司

▷ 5.1 设备供应商

案例研究1：McCoy全球公司。

油气行业的创新始于设备制造工业。油气设备制造公司在竞争新业务的过程中面临着不断创新的压力。特别是上游部门，设备在极端的现场作业条件下很快就会磨损，因此需求是持续不断的。更重要的是，上游行业曾经遭受严重的劳动力短缺问题，一方面是受高级职员退休潮的影响，另一方面是由于行业自身的整体波动性，无法吸引和留住新的人才。上游设备供应商受到商品周期的严重影响，设备需求随着油气价格的下降而下降。但数字技术带来了新的机遇，设备供应商发现自己处于变革的前沿。正如Jim Rakievich所说："过去的一切都是那么容易。"

McCoy全球公司是从100多年前的一家铁匠铺子发展起来的，该公司最先进军的是汽车行业，为运输部门生产拖车和弹簧。50年前开始为加拿大蓬勃发展的石油行业生产零部件。

如今，该公司已经成为陆上和海上油气上游业务套管配套装置的重要供应商。套管产品通常为圆柱形的重型无缝钢管,下到井中"套住"井筒后再进行固井操作。在下套管作业期间,一根根 40 英尺长的管段连接成一个管柱,通过严格控制扭矩或作用力水平,以保持管段不会松动。在整个油气井的生产周期内,作为确保井筒完整性的重要组成部件,螺纹套管接箍必须是密封的。McCoy 全球公司是提供套管相关作业工具、控制系统、传感器和校准设备的行业领军企业,该公司的经历反映了油气行业的工具与设备供应商所面临的挑战。

受 2015 年原油价格暴跌的持续影响,北美大宗商品的价格到 2018 年仍处于低迷状态。在这种情况下,McCoy 全球公司收购了一家传感器企业,后者专门从事为重工业恶劣环境收集实时数据的业务。在油气行业的数字化创新方兴未艾之际,这是一项非常具有先见之明的举措。随后,McCoy 开始重新定位其产品和服务,以便可以更充分地利用在传感器方面的优势。为此,该公司主要采取了以下行动。

5.1.1　制定路线图

大型公司可以通过进行多个小规模试点试验来确定哪些措施有效,但对于小公司来说,由于其本身就存在着资金紧张的问题,在产品更新换代等方面根本禁不起资源浪费。并且,在保持原有业务运行不受影响下的情况下,要想进行产品研发、开展实验室试验、开发产品原型、对有采购意愿的客户进行现场试验等工作,以及在多个产品和服务间转换生产,也需要一定的时间成本。

为确保重新定位公司产品和服务的过程中不会出现误判、研发失效和成本失控的情况,McCoy 投入了大量的时间和精力来制定各年的支出计划。该公司的愿景是对业务进行数字化转型,以提高效率、增强安全性,并获得更好的环境绩效。为了顺应产品开发的时间表,支出计划的覆盖期设置为五年。路线图是董事会层面的文件,反映了股东资本重新设计产品和服务时的投资情况,并由 CEO 亲自进行督办,由 CFO(负责资本资源、成本控制、财务建模和报告)负责支持,由负责销售和技术的副总裁(负责项目执行和市场协调)辅助实施。

为了强调进行变革的重要性,CEO 每周都与管理团队举行会议,评估进展,清除障碍以及解决各类问题。在战略执行过程中,一支素质过硬、互帮互助和团结协作的领导团队是不可取代的。

5.1.2 认识到数据的价值

如今,"数据就是新石油"这种说法已经十分盛行,但对于设备制造公司来说,虽然设备一直以来都能生成数据,但由于技术方面的限制,很少有公司能够直接采集到这些数据。在购买合同中,通常也不会对所购买的工具与其生成的数据做出明确的区分。在大多数情况下,由于作业场所的所有电信网络以及储存生成数据的计算机都是由客户所有,都会认为数据的所有权属于购买工具的客户,然而新技术的出现颠覆了这种传统观念。

多年来,McCoy 公司生产的工具在使用期间生成了一系列数据,这些数据都与工具本身及其使用有关。按照过去的观点,此类数据除了对客户有些价值外,别无它用,并且 McCoy 也没有直接收集或分析这些数据。但现在看来,无论是从技术角度(记录工具每时每刻的工作情况),还是从商业角度(记录工具在各项作业中的使用情况),这些数据都具有重要的价值。此类数据现在被认为是公司价值的基础。

构建关键的数据功能(捕获、存储、分析、处理)本身就是路线图的一部分。

> 2021 年年中,我在帮助一家机械工具制造商编写营销文案,帮助他们在环境可持续性方面的产品进行定位。
>
> 我为一位客户安排了一次情况介绍会,该客户仔细研究并衡量了这些工具对试验现场的环境积极影响。客户对这个工具非常满意,但在会议结束时却提出了警告:"除非这个工具可以实现数字化,能够进行自我监控,否则其注定是要失败的。"
>
> 不过我没有把这句话写入媒体文案中。

5.1.3 开启新的商业模式

即使是小公司也可以通过数字化来发现和开启新的商业模式。那些被大公司用来支持远程协作团队的工具(Slack、Yammer)也完全适用于小企业。例如,受新冠肺炎疫情的影响,该公司意识到新产品开发与公司实体所在地无需挂钩。实际上,几乎在任何地方都可以为其产品添加数字智能。

对于钻井公司来说，推动变革的两大因素是人才和资本，因为这两方面都存在着短缺问题。大量经验丰富的钻井人才已经脱离了油气行业，这不仅导致钻井公司由于缺乏经验丰富的作业人员而面临钻井成本过高的风险，同时也产生了因培训新员工造成成本增加的问题。由此看来，自动化本身带来的经济效益就颇具吸引力。资金短缺促使各钻井公司考虑使用租赁或订阅的商业模式。

智能化水平较高的下套管工具，配备有传感器和简化的用户界面，不仅更安全，而且更易于学习和使用，有助于减少因人才流失造成的影响，并降低了对经验丰富的高级钻井工人监督工作的需求。在此基础上，通过利用云计算和更畅通的电信网络，McCoy 推出了远程的工具使用情况监控服务，这一服务为公司带来了不同于传统产品销售模式的另一收入来源。

未来的商业模式可能会有以下特点：

（1）资产追踪性更强，构成商业结构基础的是工具的使用而不是工具的购买；

（2）订阅工具生成的数据；

（3）将人员从钻井平台上对安全、培训和人员滞留有重大影响的"红色区域"中撤离出来；

（4）由于使用更好的工具提高了工作质量，因此有机会与客户分享创造性收益；

（5）客户无需支付任何费用就可以免费获得工具；

（6）数字化使企业规模迅速扩大。

但是，让市场接纳这些创新活动的时间可能比想象的漫长。该公司的首席执行官认为，"最初的市场推广是一项艰巨的工作。无论投入多少资金都无法被快速接受。"

5.1.4 整个组织的参与

在传达相关目标和议程方面，小公司可能比大公司要更容易一些，但仍须投入一定的时间和精力。毕竟，许多员工和董事会成员都曾为传统业务的成功做出了自己的贡献，在情感上也自然难以割舍。只有初创公司无需认可、尊重和捍卫历史业务。事实上，只要客户还在使用旧设备，就不能完全抛弃过去。

McCoy 注意到,董事会和投资者需要定期确认公司发展方向的正确性。对于小公司来说,如果人们无法获得公司未来发展方面的积极信息以及对其发展缺乏兴趣,可能很难吸引到能够帮助实现转型的人才或有意为企业提供资金的资本。

以下是一些比较突出的关键策略:

(1)在公司内部与员工和董事会分享公共消息;

(2)针对外部客户制作专门的文案;

(3)一年召开两次开放麦会议,每次会议的参会人员为 8 名,包括首席执行官和其他高管(人少可以进行更多的对话);

(4)定期介绍行业、公司及其进展情况;

(5)对路线图中的关键里程碑的完成举行庆祝活动;

(6)围绕感兴趣的关键话题(如云计算)举行午餐会和学习会议;

(7)人事和文化方面的主管领导积极参与转型计划的实施;

(8)制造设备的机械团队和为设备提供智能技术的传感器团队进行密切的合作。

该公司主要通过两方面来衡量是否成功:一方面是工作一线对创新和数字变革是否有稳定的需求拉动;另一方面是客户对新产品开发的简要情况更新换代是否感兴趣。

许多公司认为,客户对这些转型活动不感兴趣,但在新的数字化产品的开发中,客户的兴趣至关重要。首先,客户肯定希望提高业务效率,而油气行业的许多效率提升机会看起来风险太大,由此客户需要有足够的动力来尝试新的自动化解决方案。其次,以数据为中心的新商业模式的价值,可能需要体现在运用不同于以往的销售方式,销售的产品要从金属产品转换为千兆字节的产品。

5.2 上游企业

当走在大街上的行人被问及对油气行业的看法时,其脑海中浮现的多半是上游企业的形象,即正在运行中的钻机和浑身溅满泥浆的钻井工人,或者是在大草原上缓慢上下摆动的孤独的抽油机。实际上,对资源进行勘探以及后续的生产过程是一个集专业技能、设备和服务于一体的复杂的供应链，不但要确保安全地建成油气井、建造处理资源的地面设施，还要能够经济地运营地下和地面作业。并且由于资源方面存在的差异——资源类型可能为原油也可能为天然气、可能在海上（规模、海洋）也可能在陆上（卡车运输、压裂分布），或在石油开采与运输方式（铲车、自卸车）方面存在着不同，供应链的差异也很大。

上游行业一直在大量使用计算机技术，并且是真正的大数据发明者——地质数据模型庞大，处理这些数据所需的计算能力推动了早期计算机行业的发展。涉及的巨额资金同样大得惊人，而资产负债表上需要关注的非生产性资本也推动着该行业向前发展。数字化现在已成为解决方案的基础部分。

5.2.1　案例研究 2：帝国石油公司

1984 年，我大学毕业后就直接进入帝国石油公司工作，当时的公司总部位于多伦多。有传言说，在位于圣克莱尔大道的总部顶楼，收藏了一批精美的加拿大艺术品。我每天上下班都要经过那里，在一个星期天，我和妻子出去散步时，决定去一探究竟。于是我们登上了电梯，这是我第一次去高管楼层。传言确实是真的——墙上挂着过去两个世纪以来的加拿大伟大艺术家的画作。几分钟后，一名保安出现在我们身后，礼貌地问道："您在做什么？""欣赏艺术"我回答到。"那您慢慢看吧"他说，我把他的话理解为"你该走了"。我记得当意识到我们可能是擅自进入时，我的心跳已经开始加速了。

作为加拿大最大的石油公司之一，帝国石油公司长期以来一直被视为是该行业的领导者，其业务几乎涵盖了加拿大多样化能源结构的所有方面。该公司在加拿大西部沉积盆地开展常规油气业务，在阿萨巴斯卡盆地进行油砂开采，在冷湖开展热采业务，此外还有炼油、批发、贸易和零售业务。正是因为上游业务的多样性，使其在国内同行中脱颖而出。

上游数字团队拥有的领导能力，让帝国石油公司在埃克森美孚公司的整体数字业务具有区别。该公司的 CEO 第一个认识到了加快数字化进程的必要性，并要求定期更新进展情况。数字化的牵头人为上游业务副总裁，他领导建立了一个指导小组，成员包括副总裁、上游技术经理、IT 经理、生产部门的资产经理，以及规划和执行部门负责人。这个致力于"融合"的团队在全球同类团队中获得了

碳、资本和云

最大的支持和成功。Heather Wilcott 将该团队描述为"一支集结了上游团队成员、数据科学家、软件执行人员、架构师和数据湖专家的独一无二的团队"。其突出之处在于叙事方式、对数据的关注、对人才的看法,以及对变革先锋的重视。

5.2.1.1 采用全面的叙事方式

上游数字团队采用了一种全面的叙事方式来传达数字议程。在公开承认行业所面临的残酷真相(脱碳的需求、提高行业竞争力的要求,必须持有社会经营许可证)的同时,强调了使用数字工具来使生产资产(油砂矿、重油单元,和其他生产资产)最大化的重要性。通过数字化,人们可以从对 Excel 电子表格的日常操作中解脱出来,专注于资产管理、解决问题、优化和改善复杂流程、创新、提高可靠性、降低成本、减少浪费和提高利润方面。

该公司的目标不是明确阐述数字战略,而是运用技术(包括数字技术)来实现资产战略。通过在商业模式和既定目标中嵌入数字化,实现了数字化解决方案的大众化,并为管理责任最终的成功创造了条件。其结果是,不同的资产在数字化方向和选择上可能会有所不同,这就说明需要企业不断进行引导,以减少数字化多样性水平的差异。

> 油砂矿生产中的一个重要的瓶颈资产是铲车。如果铲车出现了故障,整个矿的生产就会停止。优化铲车可靠性这一商业目标带来了许多备选解决方案,包括采用更好的建造材料、储备更多的备件和更大的库存。现在公司鼓励团队使用科学数据和分析方法来更深入地了解出现故障的情况,并将在操作方面应做的变化告知相关人员。为了帮助员工清楚地掌握所从事的业务情况,管理者们并没有制定铲车的数字化战略,而是在相关的策略计划中设定了技术可靠性目标。

5.2.1.2 超越数据

通过数字化学习之旅,帝国石油公司很快发现,利用数据来证明观点和改善业务是激发管理者对数字化产生兴趣的关键。一旦管理者能够认识到这一点,即利用现代工具对高质量数据进行快速分析,便可在更短的时间内做出可带来效益的业务变化决策,他们很快就会成为更多类似应用的倡导者。

该公司对数据的态度现在已经彻底发生了改变。在改善数据基础方面的投资已成为一个主要的支出类别，主要用于实现不同数据集的集成和环境化，以及使用这些数据集来创造价值。现在资本支出的流向包括交通基础设施（用于在运营和边缘移动数据的技术）、云计算技术应用（只有云系统可以处理这么大的数据量）、数据湖（巨大的数据集）、数据治理（对分类、标准和所有权等的决策）和数据专业技术等。

5.2.1.3　以更广阔的视角看待人才

在数字化技术采用计划实施初期，无论是在技术广度还是深度上，该公司显然都不能满足需求。为了启动数字化工作，公司利用顾问团队制定了发展路线，后来又通过与印度的外包团队密切合作建立了内部数字化能力，进行了进一步改进。这种对能力建设的重视清晰表明了，理解当前状态下的工作方式（技术、流程、数据、人员）对于改进和利用数字化工具使其发挥作用至关重要。

在工业环境中采用数字工具时，其人才模式就如同冰山的构造。在水位线之上，最显而易见的是备受瞩目的数字化专家职位，现在每个行业都有这样的职位，并不仅仅限于油气行业。但是，在水位线以下，不那么显眼但数量更多的是那些为数据专家提供丰富且大量数据的普通角色。帝国石油公司注意到，此类工作岗位数量众多、功能重要且需求量很大，尤其是在庞大的上游构成中。这些职位包括：

（1）为光纤和无线连接提供运行保障的电信工程师；

（2）安装和维护传感器的仪器仪表专家；

（3）负责运维和数据访问的控制系统工程师；

（4）运营大型商业系统的 ERP 系统专业人员；

（5）解决数据问题的数据工程师；

（6）规划应用和集成的系统架构师；

（7）构建并实现数据集情景化，以及帮助实现跨系统数据访问的软件开发人员。

除了提升内部能力外，帝国石油公司的长期目标是让数字化成为每个人工作的一部分，提高员工的技能，让他们成为分析师，即利用数据集，建立自己的可视化软件和分析方法,为日常决策提供支持。这避免了因将所有数据工作都存储在中央数据组中而引起的容量限制问题。但需要进行相关培训,使用不同的工具和获得强有力的支持。最终,公司需要的各种新的数据技能(数据科学家、数据工程师、数据架构师)的人才通道才能得以巩固。

5.2.1.4 培养数字带头人

帝国石油公司认识到,数字化工作若想获得成功,需要有清晰的商业论证,有各种商业专业人士和学科专家努力帮助识别和解决问题,有一个能够提出解决方案的技术团队,而且还要具备所有人快速合作的能力。并且管理者和监督者必须有意愿做出变革。

与所有工业企业一样,帝国石油公司的文化也会对数字化持怀疑态度,管理者想要的是证明,而不是承诺。公司的领导人分散于各地,全职工作的他们不仅要上白班,有时还可能会在偏远不便的作业场所进行轮班,管理的资产各不相同,编制也已经满员。他们通常不会获得很多的试验用预算。公司的奖励机制激励的是那些重视稳定性、可靠性和安全性,并遵守规定流程的做法。变革,包括数字变革,往往需要耗费大量资源,并且数字化变革可能也不会排在那些必须得到管理的、具有挑战性的日常操作活动。没有一件事是所有员工都能胜任的,也没有一份幻灯片演示文件是所有员工都能收到的,但现实还是发生了神奇的改变。

为了加快数字化进程,帝国石油公司需要将尽可能多的数字怀疑论者转变为数字倡导者。"我们的 CEO 总是在问:'你需要什么帮助才能获得更快的进展?'" Heather Wilcott 说道。

该公司采取了多种方法来转变文化观念。数字团队的成员都是全职工作的,因此他们可以完全专注于所从事的工作。为了强调数字变革的重要性,团队由公司高层直接领导。团队成员既包括商务专业人士、数字化和数据专家,也包括商业契机管理人员,对从创意到解决方案的全过程进行指导。团队耐心地与管理者和领导者合作,帮助他们改变观点,从对数字化的一无所知到对数字化试验的接受。专门划拨培训资金来灌输这些理念,并且鼓励合理的冒险行为。取得的这些成功在内部网络、Yammer(远程团队协作工具)和定期简报上得到了大量关注。

5.2.2 案例研究 3：木星资源公司

木星资源公司是一家天然气生产企业，总部设在加拿大卡尔加里，主要归纽约私募股权投资公司阿波罗全球管理公司所有，业务位于资源丰富的加拿大艾伯塔省大卡什地区。2014 年，在母公司收购了丹佛 Ovintiv 公司的 Bighorn 天然气资产后，该公司成立。其最高产量曾达到 8 万桶油当量 / 天，最终在 2020 年末被出售给电气石油公司[3]。

以太阳系中最大的气体行星命名的木星资源公司，其目标是发展成为一个巨型天然气公司，这对于因受气候因素影响而渴望摆脱煤炭消费的世界来说，是一个令人振奋的目标。然而，大宗商品市场是无情的，尽管亨利中心的天然气价格在 2014 年初表现非常乐观，达到了每立方米 4.50 美元，但在接下来的几年里，加拿大股市一度跌至零，直到 2020 年底才开始出现回升。这表明，对于油气行业来说，精益生产是多么重要。

木星公司因实施一半总部人员和一半现场作业人员的用人措施引起了人们的关注，这种用人模式是闻所未闻的。其结果是人均产量约为 800 桶。相比之下，员工人数为 1916 人的 Ovintiv 公司，在 2019 年的产量为 57.3 万桶油当量 / 天，也就是人均产量为 300 桶。帕特里克·艾略特（Patrick Elliott）称："数字化有助于将更多的工程时间重新交还到工程师的手中。"

> 我在给木星资源公司做咨询项目期间，被负责相关工作的执行副总裁邀请参加了一个"艰难的"会议。在我的职业生涯中，曾经组织过许多会议，用"那真是一场艰难的会议"的描述非常妥帖，但通常我只是在事后才会判断会议是否艰难。但后来我才弄清楚所谓的"艰难（rough）"实际上是"RUFF"，意思是"报告问题并找到解决办法"。这是一场找出问题答案的讨论活动，让全公司的人一起在建设性和支持性的环境中帮助寻找解决方案，而不是采取点名、指责和羞辱的方式。不管怎样，我怎么能拒绝呢？

成立之初，木星资源公司的管理团队就着手把公司打造成一个与众不同的能源生产商。该公司的管理团队拥有在其他初创公司和初级石油生产商工作的丰富经验，他们不希望在本已拥挤不堪的天然气生产商领域再创建一个没有任何差异化的行业参与者。实际上他们也正是这样做的。

5.2.2.1 利用数字技术支持和体现公司文化

作为一家天然气初创企业，木星资源公司能够清楚地表述自己想要建立的文化，并就创建这种文化做出一系列明确的决策（包括非常明确的数字化基础），着实令人羡慕。

公司在文化方面的目标是营造一个开放、透明、协作的经营环境，让所有员工都能为实现公司的目标充分发挥自己的才能。有才能的人可以获得工作所需的所有信息，利用 RUFF 讨论会之类有趣的会议，加深他们的认识、发现更多的机会，并能更快地解决问题。对业务信息的迅速和有效的获取是实现这种文化表达的关键。

实际上，在重力的作用下，传统的上游油气企业被拉向了相反的方向。公司选择的应用系统可以将数据留存在程序内部，而过高的单客户定价模式又会阻碍用户对这些数据的充分访问。友好的内部竞争结构旨在为资本配置提供最佳机会，但有时也会导致员工不会公开分享信息。业务上的失败可能会被视为绩效不佳，造成员工不愿分享问题、解决问题。

其结果就是会出现一种信息不对称的情况，大多数员工都无法很好地完成自己的工作，一些员工拥有信息特权，而另一些员工拥有应用权限，很多时间都白白浪费在了调和这两种权限上。解决问题的速度也会较慢，因为专业人员首先必须对数据进行处理，而非对问题本身。很多应该放在生产上的精力都消耗在了准备董事会季度报告之类的日常性工作中。

在木星资源公司看来，业务数据属于公司的核心资产。员工需要了解他们与数据之间建立的新关系，即数据属于公司，而不是提供数据的部门或员工。数据应该被组织起来，以便可以自由获取，而不是被储存起来。形成统一版本的真实信息是公司的目标，对于相同的数据，如果拥有多个独立且略有不同的版本是令人厌恶的。数据应当自由、快速地传输，不受信息传递者、系统限制和技术选择的阻碍。

支持和促进这一文化目标实现的数字创新包括：

（1）云技术应用程序和允许员工在工作时访问数据的集中数据存储和访问体系；

（2）移动接入的开放决策；

（3）从分布在各处的远程传感器获取电子数据；

（4）促进现场和总部之间进行协作的通用工具集。

许多公司都使用了常见的数字工具，但却未能在经营中实现透明的企业文化。商业领袖不应该想当然地认为仅仅利用工具就能改善经营状况。

5.2.2.1.1 采用现代信息管理方法

由于数据在实现公司文化的透明度方面扮演着关键角色，因此数据组织方法的选择就成为了高管们讨论的一个重要话题。当时流行的信息管理模型今天仍然耳熟能详——电子邮件、web 浏览器、文件名怪异且大小受限的分级服务器文件结构、文件扩展名、难以使用的元数据、不受控制的文件复制、难以处理的访问权限、没有内部搜索引擎、单独的图像查看器、PDF、电子表格、录音和视频。这种管理模式导致的后果是，不仅需要持有大量的数据、无法进行记录搜索，而且也无法确定数据的来源。

公司的领导层开始相信，继续依靠传统的行业工具和方法来创造一种完全不同的文化可能不会取得成功。这种惯例实际上似乎与他们想要创建的文化背道而驰。

来自微软公司的 SharePoint 产品，作为 web 浏览器模式的替代解决方案，已经发展多年，并于 2013 年发布。该产品的许多特性，似乎非常契合木星资源公司的文化目标——广泛的社会协作、维基百科、共享日历、文档库、共享任务列表、调查和移动访问。该公司的员工和高管花费了数月的时间才习惯了 SharePoint 带来的不同体验，但一旦该产品被采用，就不能再更换。最终，该公司选择了全云版本的 SharePoint 和微软的生产力套装软件。

2017 年推出的 Microsoft Teams 软件让总部和现场的两个办公室之间实现了实时协作，现场办公室快速地部署了该软件，对其和卡尔加里办公室团队之间的活动进行监管。事实证明，这成为了公司在新冠疫情爆发期间维持生存的关键解决办法。

快速、免费的数据访问只是部分地实现了公司的文化目标。还需要大幅提高分析能力，以充分利用所有可访问的数据。早些时候，一个使用 TIBCO Spotfire 软件的小型数据分析试点项目有力地证明，大多数员工都能掌握分析技能，最终该公司创建了一支公民数据分析师队伍，超过 70% 的员工都获得了每天使用分析软件的许可。每个运营团队都有一名 Spotfire 专家，可以跨学科集成数据集，加深对提高效率和理解能力的认识并采取行动。

5.2.2.1.2 激励并支持现场作业人员的参与

在油气行业，一线环境中的创新活动难以推行是一种常见的情形。现场作业员工常常轮班工作，使得培训成本很高。一线的资产可能距办事处数英里远，增加了组织安排协调工作的难度。另外，由于很多工人都在一线工作，因此通常没有足够大的办公场所能够召集所有工人开会。在运营优先的情况下，把员工都拉走确保业务的正常进行和环境保护方面不出问题，这会导致培训效果参差不齐。鉴于员工人数较多，前往总部进行培训不但花费较高而且也不切实际。此外，在办公环境中比较适用的大屏幕和键盘在一线现场并不适用。

木星资源公司的文化目标是创建一个能顾及现场作业人员的、和谐统一的组织。该目标是通过以下这些策略实现的：

（1）使用相同的工具。公司总部和现场使用相同的标准协作工具（SharePoint、Teams）和分析工具（Spotfire）。

（2）尽可能纳入移动功能。优先考虑重点解决方案和软件的移动版本。

（3）稳定的电信接入部署。对电信能力进行升级，以获得平稳无误的服务并能够捕获远程物联网设备数据。高效的实时数据可以促进对现场情况的了解，有助于现场采取更有意义的行动。

（4）让现场负责关键数据。在共享的企业系统中，在现场产生的关键数据由现场负责直接管理。

（5）将现场纳入关键决策。公司实施的任何处理有关数字和系统问题的治理框架，都把那些在促进现场与总部集成方面具有影响力的现场员工涵盖在内。

（6）数据虚拟化。将企业数据传输到云端，使得现场可以看到并使用与总部团队相同的数据，实现了在整个公司范围的高级协作。

数字技术有助于消除总部和一线之间脱节的时间和地点障碍，改善了二者的工作关系。

5.2.2.2 培育生态系统

作为一家初创公司，木星资源公司的管理团队对其他新业务感同身受，并认为自己有责任去明确培育那些能够提供重要解决方案的小型独立初创公司。在假定与任何新兴市场的解决方案进行合作都会取得更好效果的前提下，公司管理层期望员工对所发现的问题找到解决方案。

该公司与各种硬科技公司（物理设备和装备）以及数字技术公司进行合作，尝试新的工作方式并开拓创新。就像投资组合的实施过程一样，有些合作并没有进行下去，但相当多的公司最终还是与木星资源公司进行了商业合作，有些公司甚至声称木星是他们的第一个客户。一些有前景的企业由于与木星资源公司进行合作的关系而获得了融资。

木星资源公司对创新议程的处理，类似于风险投资者选择投资项目的过程。例如，他们通过投资机会，接触到一系列初创公司，既有种子公司，也有具有商业生存能力的公司。为了平衡投资组合，其投资的方向涵盖了技术合作、试点项目和全面的商业参与模式。商业化阶段的进展跟踪帮助公司了解到技术投资为组织创造价值的情况。最后，该公司与合作的技术公司共同撰写了白皮书，对正在实现的积极成果进行了说明，这些成果也为参与合作的新技术企业提供了可信度。

由于木星资源公司的规模相对较小，因此对于生态系统的管理可能要更容易一些，但该公司取得的成效也充分表明，即使是较小的油气生产商也应该将数字生态系统作为一个优先考虑事项。

5.2.3　案例研究 4：NAL 资源公司

NAL 资源公司是一家石油生产公司，总部位于加拿大艾伯塔省卡尔加里，隶属于多伦多的金融服务公司宏利金融集团。NAL 资源公司成立于 1990 年，之后经历了行业的无数波折。2020 年底，该公司被另一家油气公司收购，此后这个品牌就销声匿迹了。

在加拿大和美国许多类似规模的油气公司中，NAL 资源公司在一段时期内成为数字化方面的榜样。2015 年中期，在一次为期三天的非现场会议上，公司高管团队得出结论，油价可能会在较长时间内保持低位，因此提议将数字变革作为解决方案。2014—2015 年出现的油价暴跌迫使上游行业紧缩开支。NAL 资源公司重拾经典的行业剧本，制定了一个长期的生存战略——降低成本、增加收入以及创造更多的机会。公司最终采取了一系列新的行动、运营实践和数字创新措施。经证实，这些举措比最初的设想更具价值，同时也激励着其他公司或组织尝试使用该公司的一些创意。

作为 NAL 资源公司数字计划的发起人，该公司的首席财务官于 2018 年 10 月同意在我的播客上就该公司的转型议题进行探讨。这是一次不同寻常的采访，主要表现在两个方面：首先，油气行业数字创新技术的买方很少接受采访，因为他们倾向于认为公司内部采取的各种措施是具有竞争力的；其次，首席财务官通常是最关注公司保密问题的高管，负责执行公司有关披露的规定。在采访中，该首席财务官明确表示，最重要的数字化变革需要全行业的支持，而不仅仅是一两个先驱者的努力。很快，分享他们经历的故事变得势在必行。

经历了数年之后，NAL 资源公司的数字计划才开始真正地出现进展，这对其他石油公司来说是一个警示，不要过早地停止本行业务——能源开发。事实上，NAL 资源公司最初押注于通过变革性收购来大幅重塑资产组合，但当这种收购不可能实现时，不得不加快修复现有业务。随着时间的推移，NAL 资源公司采取了一系列举措来加速其数字化转型，其中最有影响力、最值得探讨的是以下策略。

5.2.3.1 数字变革与商业变革相结合

对于许多油气公司来说，最希望做的是通过变革性收购来提高绩效，因为这种方式不仅可以使企业继续生存下去，而且还无需对流程、人员和技术进行大幅调整。经过此类交易之后，一旦新的低成本资产到位，就可以将成熟的高成本资产售出。NAL 资源公司收购了几处房产，只是节省了一些企业管理费用，但并未起到任何变革性效果。之后，公司别无选择，只能加快更痛苦的业务变革进程，恢复现有的组合和业务架构，以达到绩效目标。

当意识到企业的成本结构是公司所做选择的直接结果，高管们决心做出生产选择，使成本朝着正确的方向发展，具体的措施包括：

（1）重点勘探地理位置集中、开采利益高的关键资产；

（2）专注于具有更高生产潜力的机会，提高单井产能；

（3）通过减少钻井数量以及延长油井生产周期来降低总体资本支出；

（4）通过减少井间距离和共享地面基础设施来降低地面资本支出；

（5）通过减少井场占地面积，最大限度地减少地面干扰；

（6）通过集中建设易受排放影响的基础设施以及改造现有资产来实现低排放或零排放，提高低碳韧性。

正如 Cory Bergh 所言："在进行数字投资时，决策目标的制定需要驱动成本和生产力，而不应该单是成本本身。"

其实，NAL 资源公司最初的数字变革措施无论是在范围上还是在效果上都没有什么特别之处，但随着时间的推移，高管们明显发现，数字创新不仅本身具有经济价值，而且也会让公司在新业务选择方面的影响成倍增加。首席执行官就可以非常自信地宣布引人注目的新愿景。被塑造成"未来的运营商"的 NAL 资源公司，其愿景是通过将数字技术深深植入未来的油井中，帮助这些油井成为优质资产：

（1）通过对所有的原油生产作业进行远程管理，降低运营成本；

（2）仅在法规规定或绝对必要的情况下才会到井场进行实地操作，以降低运营成本和风险；

（3）在 100% 的时间内实现 100% 的理论产量，实现收入最大化。

为了减少到井场操作的次数，该公司需要在管理上做出转变，从对油井发生事故后的事后反应转变为主动对油井进行管理。NAL 资源公司首先将所有井的数据都转移到了一个 SCADA 平台上，该平台生成的是保持一致的油井运行状态数据。这些数据被输入 PI 系统的历史记录和数据存储库中，并利用基于 IBM Watson 的算法准确预测出油井可能发生的事件。操作员按照 Watson 设定的优先级采取行动，直接使关键位置的附加值提高了约 15%。

新的运营分析团队很快发现，销售人员在差旅方面存在着问题。每日的任务清单不再以操作员的主观直觉和经验所确定的最短驾驶时间为基础，而是基于算法估计出的最有价值的非直观行动。驾驶时间的增加，带来了重大的安全风险，同时也增加了排放量。操作人员不得不再次向 IBM Watson 寻求答案，从政府部门获取公共道路数据，利用集体的专业知识，开发了一种最优路线算法，在有限的实施中，又为运营商节省了 15% 的成本。

由于油气行业的经营活动在运营费用和资本支出中的占比较大，因此只有当经营活动从数字创新中获得重大的收益时，真正的变革才会开始。

5.2.3.2 接受人员的局限性

石油公司的员工在作业过程中通常要遵照既定的程序、遵守监管规则、按照指令行事,并且在日常操作出现波动的情况下能使业务恢复稳定状态。违规者会让公司和自己陷入麻烦。人们普遍认为,在如此严苛的业务环境中,任何失败都一定是由于表现不佳所导致,并且也是对公司资源的一种浪费。像"安全时刻"之类的日常会议会加强员工对遵守程序的认识,以保证人员、社区和环境的安全。

当企业需要彻底改造时,这种文化就会成为阻碍。公司会发现自己没有足够的技能来进行实(试)验新技术、开发新的解决方案、接受错误以及承担风险。

作为公司数字变革计划的一部分,NAL 资源公司选择应对这一挑战,其指导原则如下:

(1)理解新的工作方式将从根本上与原有的雇佣合同相悖。

(2)承认许多员工不会被变革的前景所激励,也不会有动力去实施那些颠覆其传统工作行为的举措。

(3)认识到员工缺乏理解新工作方式的技能,也没有时间获得这些技能。设计一个方案来解决该问题。

(4)欣然接受一些员工无法以不同的方式工作的事实,并帮助他们在其他方面取得成功。

数字变革的领导者积极寻找那些相信变革的人员。NAL 资源公司请来了在数字方面具有影响力的人员(社区思想领袖、供应商),向员工介绍重要的数字话题(比如敏捷的工作方式),希望籍此来激发员工的兴趣。

理解应用程序与数据谁更重要的代理指标浮出水面。NAL 资源公司的大部分油气数据都存储在软件应用程序中,其定义、解释、规则和可接受的值有所不同。NAL 资源公司了解到,在其各个系统中使用的公共数据中,有 50% 的数据在不同系统之间存在着巨大差异。对数据非常熟悉的人都知道,真正拥有价值的是数据,而不是应用程序。

5.2.3.3 制订计划

在 NAL 资源公司重新考虑如何实施创新行动时,数字计划开始认真得到落实。支持数字化工作的领导者申请并获得了预算，但鉴于在人才方面的局限性，如何使用预算仍然是一个大问题。在这种情况下，现去雇佣人员是不可行的。考虑到公司所处的环境背景，等待好方案制订实施太慢。"如果石油公司隶属于一家科技公司，那么科技公司将会采取怎样的措施呢？" Cory Bergh 问道。

最终确定的计划实施程序很简单——以连续一致的方式记录变革理念，提供相应的资金，使该方案获得批准，并跟踪结果。该公司创建了一个战略服务部门，集中管理所有战略和变革举措（包括数字化）。该部门精心设计了一个简单的资金申请表格，简化了审批周期。为了避免内容的繁琐，规定描述不超过30个字。该部门为寻求数字化变革的所有人提供建议和指导。最终，该部门每季度都要进行业绩报告，以确定相关工作与常规的内部管理工作和董事会会议安排保持一致。

公司发生的一个巨大转变是预算审批模式。与传统的、审批速度较慢的方法（首先要得到直线经理的批准，然后再得到后者主管领导的批准，以及依次向上的层层审批）不同，只需要提供30字的申请说明，副总裁级别的数字化领导，就有权立即批准一份10万美元的企业管理费用改革预算拨款，或高达25万美元的资本预算拨款。获得了预算拨款后，副总裁级别以下的管理人员就可以迅速进行风险测试，民间企业家就可以开始行动了。

该计划取得的成果带来了非常大的影响力，第二年的拨款翻了一番，第三年又翻了一番。该公司首席执行官非常自信地向公众表示，数字计划产生的效益常常会超过在新油井和设施方面的最佳资本投资。

数字化的结果开始对公司实现员工奖金计划（称为短期激励计划或STIP）目标的能力产生重大的影响，员工可以看到数字举措对他们薪酬的影响。

5.2.3.4 进行大量试验

此处所说的"大量"，是指NAL资源公司进行了40~50次单独的数字化试验，既有零成本（不考虑员工时间成本）试验，也有对现场进行的数十万美元的数字化投资。公司的目标始终是将数字化变革引入生产，而不一定是将其扩展到整个公司。解决应用规模问题是后期的事。

例如，NAL资源公司与矿权使用费顾问公司GuildOne进行合作，开发了一个解决矿权使用费欠款问题的智能合约。NAL资源公司的许多油井都是由多个合作伙伴共同建造的，每个月生产会计都需要取出合同、审查条款，再根据产量和成本支付矿权使用费。

考虑到油井的数量、人们对智能合约的认识程度以及那些未支付的有争议矿权使用费的水平，让所有的合作伙伴同时使用智能合约是不大可能的。因此，该公司只与一家较小的矿权使用费公司进行合作，以证明使用智能合约这一概念的合理性，以及智能合约是能够正确运作的。最初，NAL资源公司发现，该公司只有10%的数据与矿权使用费公司持有的相同数据相匹配。通过结合RPA、机器学习和区块链技术，NAL资源公司对数据进行了清理，并剔除了与交易方之间存在争议的使用费计算方法。将这一过程用于生产（尽管不是大规模生产），提高了这一想法在行业中的可接受性。

智能合约的有效性被证实后，RPA技术得到迅速传播，该公司最终有23个独立的机器人进行工作，每一台都产生了正收益。500余份智能合约达成投入生产，另外还部署了15个完全数字化的工作流，其中包括一个端到端的数字寻源到付款流程。大约500万份数字文档存储在数据库中，这些数据库为整个公司提供商业智能的基础。最终，财务部门员工的生产率提高了50%以上。生产会计每月需要处理的业务量从125口井增加到500口以上，并且KPI绩效并没有下降。

随着时间的推移，未来后台管理的轮廓逐渐显现：

（1）各方不再对数据有争议（数据已得到双方的同意）；

（2）数据是预先协调好的，无需事后进行调整；

（3）工作实现完全自动化，尽可能减少工作人员；

（4）数据保存在云端，可以在未来实现机器学习人工智能；

（5）员工对机器人、一系列电子工作流、数字文档和商业智能报告进行监督。

▶ 5.3 中游企业

中游行业主要由大型工业资产组成，这些资产用于运输油气，以及对油气进行各种处理以获取更大的价值，主要包括分离装置、天然气加工厂、天然气液化及凝液回收一体化装置、压缩站、管道、炼油厂、铁路装卸和港口设施。基本上，为了确保资产能以尽可能高的利用率、尽可能低的成本，实现尽可能稳定的运行，达到所需的质量水平，以及获得最佳的周转率，这些都要通过决策来实现。

案例研究 5：NorthRiver 中游公司。

NorthRiver 中游公司（NRM）是从加拿大最大的管道公司安桥公司剥离出来的子公司，归布鲁克菲尔德基础建设公司所有，后者作为基础设施网络的所有者和运营商，在全球各地从事能源、水、货物、人员和数据的输送业务。在收购了光谱能源公司后，安桥公司进行了一系列的重大资产销售活动，并在2018年中达成出售NRM资产的协议，该项交易于2019年12月完成。最终成立的NRM拥有并运营19个天然气加工厂以及超过2200英里（3500千米）的天然气输送管道，这些资产主要位于不列颠哥伦比亚省的蒙特尼地区。

在利用数字创新实现成熟资产转型的潜力研究方面，NRM 是一个非常好的案例。该公司的一些天然气加工厂已经运行了数十年，按照传统观点来说已无法再进行革新。并且，剥离天然气加工资产的交易还将对资产的相关信息处理（包括其 SCADA 系统）业务排除在外。从成立的第一天起，该公司就踏上了与众不同的能源业务经营方式，其中就包括数字技术的采用。

5.3.1 讲好转型故事

在进行一笔交易（比如资产剥离或收购）时，需要做出解释说明，这同时也为在变革必要性方面进行具有影响力的新叙事方式创造了空间。NRM 巧妙地利用了所进行的交易，将"以与众不同的方式经营能源业务"为品牌，作为与员工对话的基础，讨论不按行业规范运营公司的必要性。

对话的内容包括以下几点：

（1）客户拥有更多的选择。过去，客户与中游企业签订的是长期合同，但随着行业的发展以及模块化资产建设的进行，客户可以灵活采用其他供应商或构建自己的中游资产。传统工作方式的成本问题会激励客户探索这些替代方式。

（2）运营方式需要简化。按照传统的方法，每个工厂都有效地独立运作，缺乏规模，管理起来比较复杂，整个企业的成本成倍增加。企业不会出售其最优质的资产，进行交易就意味着必须要寻找机会做得更好。

（3）人才缺乏创见。面对数字化机遇，要吸引最优秀的工程师进入能源行业工作就已经够难了，而要让这样的人才为一个已经运行了60年的公司工作更是难上加难。在招聘面试的过程中，年轻的工程师会专门询问公司使用的是什么数字化平台。

（4）数字化势在必行。自动化和自主化水平需要提高，才能与成为世界级公司的雄心相匹配。对于那些有志成为成功企业中的一员的员工来说，这是一个令人鼓舞的消息。

（5）ESG很重要。资本的获取取决于对ESG目标的承诺。过去的生产经营方式和设备对于掌握碳排放足迹情况非但没有帮助，甚至限制了可用的解决方案。NRM可以信心十足地列举出其使用的最新的世界级工具和技术，并明确说明这些新的工作方式将如何从根本上确立公司的未来地位。

5.3.2　坚持采用云技术

是否能够将一个中游公司完全迁移到第三方云基础设施中？如果有机会的话，当然可以。

> 想象一下，你是这家庞大企业中负责运营的新任高级副总裁。第一天，你参观了即将入驻的办公楼层，发现办公室中根本没有电脑，没有Wi-Fi，也没有服务器。并且还将了解到，以后也不会有任何SCADA系统。所以，不得不把手机当作热点来使用，才能完成工作。

在公司成立之初，NRM面临着选择架构的重要决策时刻——是复制过去的安全决策，构建传统的基础设施（控制室、服务器柜、桌面设备、手机），还是着眼于未来业务发展。

凭借公司的品牌声明和想要成为像Brookfield Infrastructure这样的发展平台的目标，NRM希望证明自身是一项值得投资发展的公司。因此，公司选择了着眼于未来业务发展，并将云计算作为唯一的平台模型，不仅仅用于商业系统（如ERP平台和桌面系统），而且还用于包括SCADA系统在内的所有系统。

这种云策略使该公司实现了业务转型。在交易进行期间，几家天然气加工厂均位于同一地区，彼此距离很近，但各自采用的是不同版本的 SCADA，执行的安全计划、操作程序以及提供服务的供应商均有所不同。

所有资产都采用相同的云解决方案，为协调运营流程、实施共同的安全计划和通过供应链获得规模经济夯实了基础。

重要的是，NRM 将很快就能够建立一个综合性远程操作中心（IROC），这样，在该中心就可以对所有设施进行监控。在使用云技术的综合远程操作中心内，操作人员将可以通过任一设备、随时随地了解工厂的运行情况。正如 Jay Billesberger 所言，"只要有网络连接，我就可以随时随地用手机对天然气操作进行控制。"

所有这些转型活动大都发生在新冠肺炎疫情爆发的 2020 年，这一时期为是否能取得成效带来了巨大的挑战，但 NRM 通过新方法实现了 20% 的成本削减。例如，该公司采用的发票 100% 自动化流程，使应付账款会计的数量减少了 80%。留下的几个员工所做的工作就是审查发票的完整性和检查路由效率。

5.3.3 提供不同的支持方式

对于那些在成功采用数字创新方面领军的公司来说，在面对多个需要得到支持的技术领域时，选择的方式各具特色。

（1）信息技术：商业交易系统、咨询台、网络防御系统、网络和服务器。

（2）操作技术：全天候运行的工业控制和监控系统（SCADA、微波塔）。

（3）数字技术：传感器、云计算、移动应用程序和社交媒体。

NRM 有意以一种缓和模型支撑技术环境。公司有一位负责业务运营和技术的高级副总裁，直接向首席运营官汇报工作。在运营和技术部门，负责所有的计算机技术（信息、操作和数字技术）的主管直接向高级副总裁汇报，这极大地提升了决策的制定速度。例如，按照传统的组织结构，如果某数据市场（Data Mart）项目申请访问 PI Historian，通常需要获得两个副总裁的批准才能实施。而对于 NRM 来说，所有的平台均在运营和技术处主管的掌控之下，因此可以更迅速地做出决策。

让这种支持模式发挥作用的一些做法包括采用敏捷方法加速变革。现在，管理团队仍在遵循一些相同的方法，比如每天召开 15 分钟的敏捷会议，以使领导团队在业务优先级上保持一致。

5.3.4 管理员工的变动

新冠肺炎疫情的爆发促使公司开始考虑实施其他工作模式，可以随时随地开展工作。与许多长期资产位于偏远地区的油气公司一样，NRM 在推动变革的能力方面仍面临以下局限：

（1）创新不足。长期从事操作业务的员工缺乏帮助实现业务变革所需的创新技能。随着时间的推移，长期的"照付不议"合同消磨了创新的动力，助长了一种封闭的心态，甚至可能培育出一种傲慢自负的文化。

（2）缺乏企业数据技能。分散独立资产的传统模式未能优先考虑企业数据技能。

（3）小城镇的限制。工作变动性大很有可能对员工及其家庭造成极大不良后果。在小城镇中，夫妻双方可能在同一家公司工作，也可能在家待业。

实际上是，最难以实现变革的方面是数据转换。为受数字变革影响的人提供帮助，以及帮助那些无法或没有应对商业变化的人，这是经营良好且具有商业道德的企业的标志。但要想提高成百上千名员工的数据敏感度，这是一项非常艰巨的任务。

在 NRM，有效的数据传递意味着所有员工都需要提高对数据的准确性、正确性、完整性和及时性的关注。数据的收集工作要想达到这个高标准，需要不同于以往的工作技能。利用机器学习和人工智能来解读数据（这是提高自主操作能力的一部分）的工作需要的是公司传统业务不具备的技能。对于先前经营的是各种独立资产的公司来说，各运营部门和总部也不具备企业级商业智能。

如今，提高数据敏锐度现在是任何在数字领域大规模运营的公司的基本要求。正如 NRM 所发现的那样，企业将需要在提高员工的数据技能、招聘数字化人才方面下功夫。

▶ 5.4 下游企业

每一位车主都对下游石油行业的加油机有过直接和切身的体验。在全球范围内，各种类型的燃料零售企业不计其数——有位于澳大利亚偏远内陆的无人机

5 数字化应用案例研究

场,有在人口密集的城市中的小型停车场加油站,还有像壳牌公司这样在全球经营着46000个零售加油站点的巨大连锁企业[7]。

除了车用汽油零售业务外,下游公司还将燃料油、丙烷、柴油、船用燃料和其他能源产品销售给制造商、农场、居民、载货汽车停车场、海上码头、机场、铁路站场和建筑工地等。石油产品的日常供应涉及的储运设施包括卡车、轨道车辆、管道和驳船,以及位于市场和运输枢纽附近的庞大储罐和存储资产网络。供应原油的是由能源交易商组成的小团队,确保为690多家炼油厂提供原油,再由这些厂家生产出有价值的产品。

案例研究6:VARO能源公司。

VARO能源公司是一家由大宗商品交易商维多集团和私募股权公司凯雷集团共同所有的合资公司。该公司在瑞士克雷谢经营着一家小型炼油厂,并拥有德国Bayernoil炼油厂45%的股份。该公司生产的产品通过一个由大约50个油罐和调合设施组成的网络以及一个由100多个加油站组成的零售网络进行分销,为法国、德国、瑞士和比荷卢(比利时、荷兰和卢森堡)市场提供服务。

> 燃料零售业的变革进程比较缓慢,因为具有零售业在有一定规模的时候才能运作良好。我住所附近的壳牌加油站在疫情期间停止经营并进行了全面检修,我非常希望新的加油站能展示出壳牌未来零售业务的最新趋势——我所在的加拿大地区电动汽车普及率很高。但新的加油站除了有一股新油漆的味道外,与当地其他壳牌加油站并没有什么区别。

VARO能源公司是向全球成熟市场供应燃料的众多中型燃料公司中的代表。这些公司重点关注的是客户服务和亲密度(销售侧)以及销售物流(供应侧)。分销业务在面向消费者方面的衡量指标是利润率,而在分销方面的衡量指标则是服务成本。除此之外,其还有一个额外的元素,即交易,该元素使公司具有了在一定程度上优化客户供应的能力。VARO能源公司的举措高度集中,立竿见影。

5.4.1 平衡务实与创新

中小型企业必须在实现年度经济目标和留在相关市场的必要性之间做出正确的平衡。燃料行业是非常务实的,即进行的投资必须获得回报,因为该行业几乎

碳、资本和云

没有过剩的产能来承担低收益的后果。特别是在欧洲，10年来，对石油产品的需求一直没有发生什么变化。价格不能提高，销量不能人为提高，销售不能简单地瞄准利润率更高的产品，因为这些市场竞争非常激烈。VARO能源公司负责数字和商业解决方案的IT经理Daniel Cadete表示："我们希望对能赚钱的数字领域进行投资。"

因此，VARO能源公司将数字计划分成两部分：一是要捕捉市场上任何可获得利润的机会；二是要帮助改善现有的各级业务，尽可能提高这些业务的效率。对于已经运营了几十年的成熟企业来说，这是一个极具挑战性的任务，因为大部分的低效率活动早已在运营过程中被剔除，并且经历了数年的商业实践。

这种强调务实结果的情况，会导致对变革有更高的容忍度，对风险的偏好下降，也会在解决客户相关问题和取得市场竞争力方面获得更快的结果。或者可以说，此类模式会导致对创新的模仿，随着时间的推移，实现突破性创新的能力会逐渐降低。对于区块链解决方案这样具有创新性、跨越幅度较大且还不成熟的技术来说，会被认为风险太大。为了弥补这一缺陷，VARO能源公司还保留了一个小型的中心团队，其职责是对这些目标不那么苛刻，风险承受能力也更高的创新活动进行探索。

在油气行业，实用主义胜过一切，需要采取相应的机制加以平衡。

5.4.2 自上而下实施转型计划

在高度务实的企业文化中，自上而下地推动实施数字转型计划获得的效果最好。如果采取自下而上的数字化措施，可能会发现相关措施与老板的想法不一致，并且也会缺乏组织支持和相应的资源。

VARO能源公司发现，那些责任心强、期望值高且掌控资源的管理者最适于推动数字创新活动。管理者负责制订公司级的年度计划、提出业务改进议程、进行资源配置并致力于成果的交付。作为对其履行责任的奖励，他们获得的奖金和薪酬也更高。自下而上的想法可能本身具有价值，但除非获得管理者的支持，否则此类变革很可能不会像那些与计划和薪酬明显挂钩的变革那样成功。正如Daniel所说，"始于小，成就大。不在多，在于精。不要过度承诺。一步步前进。"

一个很好的例子是VARO能源公司计划采用面向客户的销售门户。自亚马逊实现了零售业的转型后，许多产品的在线订购已经成为司空见惯的事，但对于燃料产品来说，这仍然是一件新鲜事。在线销售燃料这种想法可能是一线员工提出的，但一旦被采用将会是颠覆性的，如果没有强有力的领导，不太可能获得很大支持。在线销售和客户直接下订单这种销售模式无需电话和电子邮件交流，改变了销售部门的业绩指标，避免客户流失和出现不满的风险，并使员工从面对客户的角色一下转变成了网站经理。好的想法无论源于何处都是有价值的，但是要想成功地采用，最好是自上而下推行实施。

5.4.3　打造创新队伍

即使在小型企业中，进行创新也需要花费时间、精力和资源。对于中小型企业来说，如果像小型试点试验、一次性产品试验和单一服务功能的软件产品之类的创新活动太多，不但会提高成本而且还得不到相应的支持。而如果创新活动太少或创新规模太小，随着时间的推移，公司将面临停滞不前或失去竞争力的风险。

VARO能源公司首先尝试在分布式和分散式的组织中进行创新。任何创新都被评估过，但所产生结果的影响力都不够大，并且变革的范围也不好控制。为了在数字投资方面获得更大的影响力，该公司创建了一个创新团队，成员主要来自IT部门。这个团队承担的是那些风险较高或商业成果不太确定的项目，同时还负责执行总体创新预算费用的20%。

为了让创新团队专注于成果，该公司还创建了一个由首席信息官和首席运营官共同领导的数字指导小组。该指导小组每两周开一次会，来推动责任的落实以及了解所有数字化变革的进展情况。作为数字创新的执行发起人，首席运营官要将相关结果向董事会进行汇报。

每两周举行一次会议这种频率对于推动各项责任的落实非常重要。指导小组会系统地审查每个项目以检查项目进展情况，考虑新的变更建议并分配预算，统筹整个企业的项目组合，释放所需的资源，并解决各种障碍或任何需要注意的组织失调问题。

想创新，就可以进行创新，但结果可能并不尽如人意。

5.4.4 为分析技术的未来做好准备

下游的未来似乎在向强大的分析技术倾斜。过去的 20 年里，在实施 ERP 所带来的变革浪潮中，是围绕着切实减少易于发现的成本而展开的，换句话说，就是裁员。信息技术的支持人员要向首席财务官进行汇报，以防技术成本失控，没有成本构成，商业论证就不会进行下去。另外，成本只能下降到一定程度，在充满竞争的行业中，仅通过节省成本是无法让公司繁荣起来的。

石油行业的商业面与其他行业截然不同，因为该行业专注于获取利润。且上行利润率可能是无限的。从世界各地能源市场偶尔出现的价格飙升情况，就可以清楚地了解这一点。如果在价格高的时候提供供给，或者可以执行具有创造性的方法来满足市场对燃料的需求，不管出于何种原因，价格要是没有弹性，那么利润率就会很高。

举个例子，在 2005 年 8 月和 9 月的卡特里娜和丽塔飓风之后，墨西哥湾的炼油厂都关闭了，导致美国的炼油能力下降了 8%，这种情况持续了数月并造成了柴油的临时短缺，而柴油正是清理作业和重建所急需的产品。柴油价格飙升，带来了丰厚利润，让能够供应该产品的北美东海岸炼油厂仅在这一年就赚到了与过去 10 年一样多的利润。

但存在的问题是，基于利润的商业论证缺乏基于成本的商业论证所共有的可操作性。因此，需要进行更深入的分析。

由于预见到了这一未来，因此 VARO 能源公司在提高数据质量和培养人员分析能力方面投入了大量资金。很显然，将商业领域或商业专业知识与分析技能相结合，是快速梳理可用数据并确定利润获取潜力的关键之一。相对而言，那些由数据科学家组成的独立分析团队，就缺乏在应对快速变化的商业市场过程中所需的迅速行动能力。

另外一种现象也与分析方法的兴起有关，这就是工作角色的大规模定制。当员工个人在扩展分析能力时，他们会根据精心构思的分析方法来调整自己的工作。在 10 年后，新分析方法获取的便捷性可能与现在的 Excel 一样，是个桌面软件，而且也会存在 Excel 中那些被病诟的问题——缺乏文档、隐藏信息以及可维护性差等。

数据分析将成为一个大产业，前景无限。

5.5 综合性油气公司

综合性油气公司的运作是非常复杂的，具有许多行业共同的特点。这些公司是资本的管理者，与 EPC 公司合作执行项目；像专业的贸易公司一样，对商品进行买卖；向终端消费者提供零售产品，与其他零售商进行竞争；经营生产企业，将原材料转化为有价值的产品；物流企业，热衷于不间断地向各行业供应能源和化学品；专注于资源管理的商品交易机构。

简而言之，这些公司建立的初衷并不是作为一个大型综合性的企业，而是对各种具体业务模式的整合，目的是以可持续的方式提供可靠的能源供应。

案例研究 7：雷普索尔公司。

雷普索尔公司是一家西班牙能源公司，在全球近百个国家开展勘探、生产、炼制和产品销售业务。雷普索尔这个品牌始于 1948 年，作为西班牙的本土企业，使该公司更容易进入拉丁美洲、非洲和亚洲中使用西班牙语的市场，公司也因此获益匪浅。进入资本市场后，通过一系列举措（例如收购加拿大跨国公司塔利斯曼能源公司），公司的规模不断扩大。

除了在石油发现方面取得的引人注目的业绩之外，该公司还因率先致力于实现《欧洲绿色协议》中规定的苛刻的脱碳目标而享有盛名。雷普索尔公司将数字创新视为实现这一艰巨目标的重要组成部分，涉及的四大业务领域包括勘探与生产、工业（炼油、化工、贸易、运输、液化天然气）、商业和可再生能源（低碳发电）以及消费者（零售站点）。

刚进入 21 世纪后不久，雷普索尔公司认识到，要想掌控自己的命运，为西班牙社会做出充分贡献，就需要在研发方面加大资金投入。由此成立了现在的雷普索尔技术实验室，旨在开展对能源公司（包括数字领域的公司）来说比较重要的实验室研究和分析。自 2017 年以来，整个公司一直在致力于将数字创新融入业务中，并在数字变革方面积累了大量经验。该公司的关键做法主要包括以下 4 种。

2020 年 1 月，我曾应邀参加雷普索尔公司在马德里郊外的技术实验室举办的专题讨论会。会议的主题是数字技术在行业中的应用，特别是区块链解决方案的作用。雷普索尔公司最近对区块链初创公司Finboot进行了投资，并且将区块链视为协助实现公司目标的解决方案的一部分，该公司的目标与2015年的《巴黎协定》保持一致。在专题讨论会开始之前，我向坐在我旁边的雷普索尔公司的参会人员祝贺他们在环境问题上的立场。她回答到："我们不知道将如何实现这个目标，但我们未来一定会实现它"，这不禁让人联想起约翰·F·肯尼迪在20世纪60年代对美国阿波罗登月计划所做的承诺。

5.5.1 数字投资要有经济效益

像许多工业公司一样，雷普索尔公司也希望其数字投资能够产生经济回报，而且更重要的是，回报被纳入了公司的财务目标中。一旦将这些投资列入财政计划，那么，即使是在大宗商品市场出现不利局面，或者发生疫情的情况下，削减这些投资预算的可能性也会大大降低。

面对大宗商品价格下跌的情形，大宗商品公司的标准做法是削减可自由支配的支出。但那些通过购买或长期合同交付的、与硬资本（如新的装置和设备）相关的投资，通常都会或多或少保持不变。在雷普索尔公司看来，数字方面的支出不仅不是可自由支配的，而且是必须要做的项目。事实上，该公司的一些数字投资（例如那些将资本所有权转换为基于认购或使用商业结构的投资），在经济低迷或疫情爆发的情况下可能更具经济性。"我们决定，所有的创新计划都需要涵盖大量有明确的投资回报率的项目。如果没有，实施起来就比较困难。" Tomas Malango说。

雷普索尔公司根据各业务领域进行数字投资决策，包括资本支出目标和成本收益。上游、工业、可再生能源和消费者这4个业务部门由于业务内容不同，设置的目标也不同。在疫情肆虐和相关大宗商品市场出现动荡期间，该公司保留了大部分（80%）的数字投资，其中包括支持数字基础（云计算、平台、区块链）建设方面的投资。

5.5.2 从战略的角度看待数据问题

作为公司数字化议程的一部分，雷普索尔公司现在已经从战略的角度来看待数据问题，因为数字化意味着能力的增长。数字化就是数据，数据是数字技术采用过程中的主要资产。该公司近70%的数字化活动都与数据、分析和人工智能有关。数据与人员和流程一样被视为是企业的支柱：

（1）我们生活在一个数字世界中，作为数字公民，需要提高自己的技能，成为更懂数字技术的专业人士。

（2）数字创新提高了加工效率，降低了能源消耗，进而减少了碳和甲烷的排放。

（3）数据创造了新的智能，利用这种新智能，可以让我们在不断变化的世界中获取价值。

与许多工业企业一样，雷普索尔公司在各个过程（石油和天然气开采、炼制、产品零售）中也生成了大量数据。正是从这些数据中，公司可以获取价值并实现价值的货币化。究竟从数据中可以获得哪些信息并不总是一目了然，而且不同的业务部门获得的价值也可能有所不同。对于上游和制造部门来说，安全性和效率（包括过程和人员）一直是数据分析的主导因素。而在零售业，关注的重点则是对顾客及其消费模式和购买行为的了解。

这种数据导向与雷普索尔对人才的看法有着重要的联系。作为油气行业的数字领导者，该公司被视为具有吸引下一代人才的优势，尤其是在数据科学这个以数据为中心的新领域。处理数据的能力现在已成为大多数工作的共同特征。

为了提高员工的数据智慧水平，雷普索尔公司启动了数据学校项目，与一家领先的数字商学院合作，为员工提供数据相关培训。对于那些所从事的工作需要更深层次的分析能力的人员，则需要参加技能再培训课程来提升自己的技能。此外，这所学校还提供在数据、分析和人工智能方面所需的各种新工作的培训。

5.5.3 尝试新的商业模式

如果某种新的商业模式无声无息且令人难以察觉地悄然而至，进入市场后就实现突破性增长，没有什么会比这种情况更能让董事会夜不能寐了。例如，优步在短短24个月内就进入了84个市场。出租车等运输服务公司一夜之间大幅贬值，各地的资产负债表也一下就损失了数十亿美元。

作为西班牙市场的主要参与者，雷普索尔公司能够识别、研究、试验并推出新的商业模式。例如,该公司已经指出,能源供应商和最终客户之间的关系现在将发生巨大变化。与过去相比,终端客户可以获得更多关于能源市场和产品方面的数据,因此他们会希望自己的能源服务公司完全数字化,并提供更多包罗万象的服务。事实上,未来的能源消费者甚至可能不是一个人,而是一台机器或一个家庭。

鉴于数字技术带来的潜力,能源供应商和客户之间的商业模式也有望改变。客户是否可以购买按需运输服务而不必为驾驶的汽车加油?车主是否可以从任何充电站购买特定质量的电力(如绿色能源)而不必进入加油站充电?

新的商业模式并不仅局限于对能源价值链中的资产及其所有者进行重新调整。经过几年的反复试错,像雷普索尔公司这样的大型能源公司,正在开启与大型科技公司、小型初创公司、大学、孵化器和许多其他市场参与者合作的新商业模式。

5.5.4 引进企业风险投资

雷普索尔公司是油气行业中少数几家成立企业风险投资基金的公司之一,其他的公司,例如沙特阿拉伯国家石油公司、英国石油公司、壳牌公司、雪佛龙公司、埃尼公司、埃克森美孚公司和挪威国家石油公司也都成立了此类基金,其目的是对有前途的新技术(如清洁技术、新材料、数字创新和能源解决方案)进行战略性投资。

这些基金摆脱了"赢者通吃"的财务目标、短期所有权周期以及直接现金流目标的束缚,而这些都是残酷的传统风险投资基金的典型特征。企业风险基金通常只有一个投资者(油气公司),不仅使决策过程得到简化,而且还能够确定清晰的投资期限。这类基金通常与企业的日常经济状况不发生关联,即使在油气价格下跌的情况下,投资也不会发生中断。

除了可能会在退出时获得回报外,雷普索尔公司还通过风险投资基金在数字、清洁技术和新能源业务方面进行战略投资,多方受益。该公司有机会接触到各种快速发展的技术,而这些技术可能很难在大型企业组织中获得关注;学习如何以敏捷方式与初创公司合作;利用各种机会将公司直接投资的解决方案用于业务中;在新技术、扩大规模、本地化、监管需求和新的商业模式方面积累经验。

使公司的品牌效应在社会上有才华的年轻企业中得到提升。Tomas Malango 表示：
"我们为公司内部的项目整合了许多初创公司，这在 10 年前是无法想象的。"

很多初创公司申请进入雷普索尔公司的加速器计划，其中少数被选中的公司获得了资金支持，这些公司就可以不必将过多的精力放在寻找下一轮融资的活动中。初创公司可以调整解决方案，以提高他们的成功率（只有 1% 的初创公司会获得成功，但当这些公司得到企业客户的积极指导时，这一比例会上升到 30%）。

雷普索尔公司每年在数字化方面花费的资金达到数亿欧元，其中的大部分都集中在低碳经济、能源工业数字化以及循环经济方面。一小部分用于云计算和区块链等应用技术。

5.6　EPC 服务

全球油气行业每年的资本支出高达数千亿美元，在很大程度上要依靠咨询、工程、采购和建设（EPC）公司来帮助实现成本效益和资本的按时交付。EPC 公司是否能出人头地，取决于让其形成规模和取得声望的能源公司的各个方面，以及提供的服务范围（从工程总包项目交付到建设—拥有—经营模式）。

5.6.1　案例研究 8：伍德工程有限公司

总部位于苏格兰亚伯丁的伍德工程有限公司是世界上最大的全方位服务工程公司之一，提供的服务涵盖概念研究、前端工程设计、项目执行和设施运营一系列活动。该公司最早是一家领先的渔业公司，后来为北海海上工业供货，现在主要服务于油气行业。从成立之初，该公司就通过几次大型收购实现了发展壮大，现在的定位是助力未来的能源解决方案。

数字技术在伍德工程有限公司得到了很好的应用，并且数字化应用在疫情期间也得到了加速实施。该公司的转变很好地说明了大公司可以采取哪些措施来改变自己，拥抱未来。

5.6.1.1　投资转型项目

与许多经营业务遍布世界各地的大型工业企业一样，伍德工程有限公司也需要就未来的发展在公司内部传达统一信息，即，"在人们的期望不断发生变化的世界中，公司必须与客户保持联系，以保持竞争力。"数字创新本身的定位并不是战略，而是贯穿整个战略的促成因素。在公司内部采用数字化工具，有助于降低成本，提高运营和项目交付效率，这是成本竞争力的关键。利用外部数字工具向客户交付结果，有助于公司在日益数字化的世界中跟上脚步。与在各自技术领域处于领先地位的数字伙伴进行合作，可以使公司不必重复进行内部投资，特别是在合作伙伴为客户提供了更具可持续性和更有价值的技术建议的情况下，更是如此。

有投资和行动作为支持的信息传递是非常有效的。为了推动战略的发展，该公司创建了"适应未来"计划，包括一系列处理变革各方面问题的转型工作流，对内部和外部的变化进行平衡。

"适应未来"计划可能会随着时间的推移而作出变更，因为不同的数据流会得出各自的逻辑结论，并且其他的变革需求也会出现。例如，某个"适应未来"流专注的是未来员工所需的技能。曾经有段时间，数字编码者非常抢手、云计算专家和区块链全栈开发人员也是一将难求。但在创造者和开发人员的工具都进行了数字创新后，工具的使用变得更加简单，任何人都可以利用。这些低代码、无代码的平台让"数字太难学或不适合工业环境"的借口不再奏效。"适应未来"计划被用于协助指导招聘，目的是优先考虑那些天生具有好奇心、思维活跃、不断学习、愿意尝试和协作解决问题的新员工。

为具体的计划提供资金，并努力通过协调一致的多渠道沟通支持它，是为变革信息带来前进动力的一个强有力的方法。

5.6.1.2　创建创新解决方案实验室

面对日益复杂的挑战，需要利用跨部门和多专家的方法进行应对，而这往往无法通过单一的供应商来实现。为了保持相关性和竞争力，伍德工程有限公司提出了联合实验室的概念，将咨询工程师、客户和技术提供商集中在一个鼓励发挥创造性且不受限制的场所，彼此进行合作，以找到解决方案。这些实验室具有多重功能：

（1）为客户和顾问提供了就一个需要创造性解决方案的复杂问题进行构思的机会；

（2）为管理者提供了一个解决内部绩效挑战的论坛；

（3）提供了一个采用敏捷方法和技术、以不同方式工作的场所；

（4）提供了一个探索数字新技术及其在工业领域应用的试验区；

（5）让员工对可能出现的技术发生兴趣、进行创新并提供了学习新工艺和技术的机会；

（6）提供了在性能、质量和成本方面取得突破性进展的承诺；

（7）提供了创造全新的数字解决方案、产品和服务的环境；

（8）提供了建立关系的体验，帮助相关人员与客户建立新的、更深的、更有影响力的关系。

联合实验室是促进敏捷方法应用的理想场所，敏捷方法适合于问题的探索和迭代解决方案的开发，并产生有价值的现实结果。敏捷方法适用于解决包括结果不确定和不遵循硬性规则的问题。对于典型的工程问题（如压力容器设计）来说，由于已经有了明确的数学模型和已知参数的精确解决方案，因此不太适合敏捷方法。联合实验室会议是培育创新想法的极佳场合，这些想法，再加上敏捷方法和数字工厂就是获得解决方案的基础。

5.6.1.3 建立数字工厂

如果遇到以下两种情况：一是让面向客户的团队开发一种智能但高度具体的一次性解决方案；二是在创建一个单独负责创新交付的中央技术团队期间遇到瓶颈问题。您会如何进行平衡？

伍德工程有限公司给出的答案是数字工厂，这是一个核心团队，其职责是支持和扩大"边缘"的创新，"边缘"是面向客户项目的另一个名称。数字工厂确保采用产品生命周期的方法进行数字化开发，并满足企业的安全需求。让我们以一个工业客户的情况为例，该客户提出了一个要求"为城市公交车车队优化电池充电"。客户团队利用大众化的数字工具，就可以很容易地将相关解决方案作为边缘解决方案直接提供给客户。换句话说，如果将此类解决方案作为一种服务产品，而不是一次性的方案进行交付，就可以将其更广泛地应用于全球的巴士服务和众多车队运营商，并进行架构化和品牌设计。

进入数字工厂中，使用一个可以扩展并与各种第三方系统集成的多客户架构，有助于开发和完善解决方案，把众多客户可能存在的更广泛的问题考虑在内。边缘团队则可以将工厂解决方案交给客户端直接运用。

只有少数具有强大规模效应或真正具有全球吸引力的解决方案，会被作为企业解决方案得到数字工厂的接纳和资助，这样，边缘团队在直接为客户服务方面就拥有了相当大的自主权。

数字工厂的结构就像科技行业的初创企业一样，使用的是敏捷方法，有产品经理，并按照敏捷方式运行。这不仅使伍德工程有限公司能够改善此类工具的用途，而且还可以对员工进行相关应用培训。在相对较短的时间内，数字工厂就已经在帮助生产备选新产品方面发挥了重要作用，这些产品的适用领域包括维护、备件管理、噪声分析、项目 ESG 合规以及排放监测等。这些产品会带来收益机会，有朝一日甚至可能作为副产品被货币化。

以森林火灾为例。森林火灾会对油气基础设施造成毁灭性的影响。传统的火灾监测方法包括费用不菲的人员瞭望塔和定期的直升机飞检，这些措施至多只能覆盖到可见的区域。廉价且近乎持续的卫星覆盖出现后，生成了可供分析的稳定图像流，远超传统人力通过图像来进行火灾活动检测分析的能力。伍德工程有限公司的一个边缘团队发现了利用机器学习解释图像的机会，并由此开发了一个应用程序，可以解释图像，并提供连续的、100% 的森林冠层变化覆盖率。昂贵的载人飞机监测及其造成的燃料排放已经成为过去。

5.6.1.4 重新考虑客户关系

EPC 行业一直以来都面临的一个挑战就是其自身、客户和供应商之间的供应链结构关系。这种关系经受住了商品周期、技术变革浪潮甚至疫情肆虐的破坏。正如 Azad Hessamodini 所指出的，"非输即赢的心态必须改变。承包方法和标准、规范、关键绩效指标都是基于该理念的。"

目前的关系尚不能称之为双赢。客户几乎不分享或没有动力分享创新的好处，也不需要创新。绩效考核人为地在那些本应进行合作的人之间制造竞争。一些有悖常理的措施甚至会刺激错误的行为，例如使用过时的体力劳动方法来提高承包商的收入，而不是利用降低成本的技术来提高承包商的生产率（但这种方法会降低承包商的成本和绝对收入）。通过采购部门谈判达成的商业安排往往过于简单，不适合应对利益和风险共担的复杂挑战。承包方式摇摆不定，从可补偿的承包方式变为固定定价的承包方式，然后又重新来过。经验丰富的买家意识到，突破性进展是通过团队合作实现的，这需要风险和回报的公平匹配。

数据仍然是关系遭到挑战的核心。油气行业的文化不但将所有数据视为己有、缺乏数据共享和透明度、缺乏标准，以及令人望而却步的合同语言，所有这些都影响了数字技术的采纳、拖慢了数字创新的进度，并助长了对立关系。虽然有些数据（例如油藏和资源相关数据）可能具有商业敏感性并且是经营者的核心竞争优势，但与设施操作相关的其他数据不再是专有的，并且可以受益于大众化，使机器学习和人工智能获得发展，造福整个行业。

不过，数字工具和各种商业模式正开始释放受困于结构性缺陷中的价值。利用联合实验室作为创意平台，可以让伍德工程有限公司发现这些问题，并让实验室的各方探索可以替代当前这种对抗性商业模式的方案。该实验室反过来也为利用数字工厂来协助重新构建商业模式提供了可操作的见解。

并不是每个客户都为讨论该问题做好了准备——需要达到一定的成熟度和水平才能被接受的现状是站不住脚的，并且可能会失去公平。

5.6.2 案例研究9：沃利集团

沃利集团是一家在能源、化工和资源领域提供专业项目和资产服务的全球性公司，总部位于澳大利亚悉尼。该公司通过收购关键服务（如环境服务和制造）以及目标区域的公司（包括涉足加拿大石油行业的 Colt 工程公司和从事海上业务的 S.E.A. 工程公司），实现了持续增长。现在，沃利集团在世界各地提供强大的资产相关服务，但在调整和协调复杂的、面向交叉服务（涉及工程学科、行业部门和项目以及地理区域）的商业模式方面也面临着挑战。

所有的公司，在一定程度上都必须对能源转型、数字化和 ESG 的协同影响做出反应，并且通常需要借助外力来实现。为未来的发展做好准备，以及满足日益迫近的工业需求，沃利集团进行了内部改革。在新任 CEO 的领导下，该公司改变了运营结构，专注于设计数字解决方案，并发布了新的公司宗旨宣言——打造一个更具可持续性的世界。

据该公司估计，新冠肺炎疫情作为一支催化剂，使其变革的步伐比预期加快了 5 倍。员工们迅速接受了远程工作和在线合作的工作模式，数字化和可持续性很快成为了公司的核心所在。数字变革议程的多个方面都进行了实践，且表现突出。

5.6.2.1 讲好积极且鼓舞人心的故事

沃利集团认为，建设低碳未来需要进行变革，而这种变革的规模只有通过数字化才能实现。考虑到现有的熟练劳动力、拥挤的城市空间和遗留资产情况，所需的相关基础设施的建设都离不开数字技术带来的效率。

在该公司看来，这些变革对公司是有益的——要想获得可持续性和实现能源转型，将需要对硬资产投资进行最大幅度的重新分配，这在历史上也是罕见的，并为工程领域带来巨大的增长机会。数以万亿计的资本将通过新技术、新资产、新商业模式和新的工作方式用于新能源的生产、分配和消费。数字化，作为能源转型的关键推动因素，本身就是一个投资类别，与其说是一个为转型活动而实施的内部项目，还不如说是对如何完成工作的一种表述。

该公司对各业务领域、各地区和各行业的内部利益相关者以及外部社区市场、客户、供应商、资本市场和监管机构等传达的都是统一的信息，即这些变革对公司有利、会促进公司发展且鼓舞人心。沃利集团的新 CEO 通过现有的平台来介绍变革情况，促进企业层面的沟通。

5.6.2.2 全球化管理，本地化执行

作为一个复杂分散的组织，沃利集团需要对于企业在数字化、可持续性和能源转型方面的一致性需求，与由面向客户的团队培养的内在创造力之间进行平衡。如果高层控制得过于严格，可能会在财务方面造成严重障碍，使决策速度下降，资本获取受限，进而扼杀创新。如果控制过于宽松，资本可能会被无谓地浪费在云计算、网络等单调无差异的领域。正如 John Pillay 所言，"大规模数字化的效果最好……谁也不可能在每件事上都各自为政。"

数字化和能源转型均为集团高层的意图。其重要性在于，这是对公司战略的明确认可，并且将重点放在了面向外部市场的机遇和内部数字化转型两个方面。此外，公司还明确表明，这些变化旨在具有战略性和变革性。

为了充分利用公司数千名工程师、本地团队、项目部和垂直部门的创造力，

在整个企业内部基本上可以自由试验和利用数字工具，而且还非常鼓励这些行为。区域带头部门负责促进当地的转型活动，而创新委员会则帮助培育变革措施和推广有前途的开发项目。创新中心协助发现来自一线的创意，这些活动清晰地显示，数字创新已经广泛普及。

数字团队与行业专家合作，设计路线图，指导客户实现脱碳目标。在这方面取得的一些成果示例包括：优化海上风力发电场运营和维护计划的数据、执行危险工作的机器人，以及加快工程设计范围，使大型项目上线速度更快、平台成本更低等。

> 根据一名员工的创新想法，沃利集团开发了一种机器人，可以在容器维护、修理和大修期间识别并收集催化剂和其他有毒物质。容器本身就是危险的工作场所，因为它们是密闭的，可能含有残余蒸气，而且出入和通信都不畅。

让我们以数据为例，看看如何进行权衡之举作。具体的工程项目会生成丰富的工程和资产数据，如果以不同的方式来管理，这些本地级别的数据也可能会成为宝贵的企业资产。但如果将此类数据作为企业资产处理，本地项目团队在项目中的获益会较少，并可能会产生很大的增量成本。

5.6.2.3 为员工提供支持

在沃利集团，变更管理是成功转型的核心，这一论点是完全正确的。为了支持这一观点，该公司每年都投入大量资金，以确保员工把心思都用在迫切需要变革的事宜和未来工作上。

作为一家从事工程设计和项目交付的企业，员工的才能是获得成功的基础。利用其员工希望在其各自工程学科领域保持最新进展的本能，沃利集团率先提出了数字护照的概念。数字护照是一种数字教育计划，涵盖许多小型速成课程、活动和学习会议，参加和完成这些活动可以获得各种奖章，将教育项目游戏化。在发起该计划仅仅 3 个月后，有 1.2 万人获得了各种等级的数字认证，几乎占全球各地办公室员工总数的三分之一。

该公司经常组织召开内部虚拟全球会议，将员工召集在一起，共同探讨数字和能源方面的话题，对取得的成功举行庆祝，并将知识和实践传递到各个区域。

有上千人参加了这些用时短、重点突出的虚拟会议，活动按照各个时区所在的不同区域路线进行组织，偶尔穿插着全球性的活动。不出所料，与公司核心部门出台的指令相比，采用在其他区域团队、项目或办事处已经得到证明的新想法或解决方案，其说服力要大得多。

5.6.2.4 进行评价和管控

沃利集团要求，对于每一项新的数字投资都要有明确的收益和跟踪机制，这是做数字化工作和成为数字化企业的区别之一。可能是受其作为工程服务型企业传统的影响，该公司采用了各种策略来客观地评价在数字创新技术采用方面的进展情况。沃利公司每时每刻都会有数万个单项工程处于实施过程中，每个项目都会评价数字创新的影响，日积月累就获得了宝贵的数据集，有助于尽早识别出那些出类拔萃的概念和应用。

沃利集团首先采取的措施之一是预测数字创新对关键企业目标（特别是人员利用率）的影响。让更多的员工去从事高附加值的工作是会产生经济影响的。这些影响的本质表现在节约工作时间、通过提高质量创造更多的价值以及降低成本方面。资金不足不能作为借口。经理们可以在线上进行培训、召开会议、实施项目审查、检查，以及许多其他与项目和办公室工作相关的活动，这样增加的成本很少。

对于那些比较难评价的项目，例如新服务的潜在价值或新商业模式的影响，将会适时得到解决。最终，数字创新结果以及相关工作方式会达到预期，并且成为企业文化中的主要组成部分，那些强调数字化的单个项目也不会再让人感到不寻常。沃利集团正在尝试将数字化、可持续性和能源转型结合在一起的措施。例如，该公司为各种项目和技术建议建立了碳排放指标，以协助量化潜在的环境影响。

▶ 5.7 关键实践

我们所列举案例中的各个公司，提供了许多帮助取得重大成功的策略。我将这些内容进行了分类（如进行最佳叙事或有目的地执行）。在本部分的讨论中，会为您提供一些新的创意，希望能够为贵公司的数字之旅助力。

5.7.1 讲好故事

作为领导者，需要清晰地阐述一个具有说服力的叙事或故事，向利益相关者做出解释，激励并促进他们采取行动。那么如何讲好构建解释数字议程的故事呢？

5.7.1.1 制定明确的目标

为所有利益相关者构建统一的叙事，并要为客户进行略微的调整。叙事要简单，才会让人感觉真实。将叙事的核心集中在试图解决的问题和具体目标上，例如加快制定更好的决策、提高可靠性、提高效率、减少浪费和提高盈利能力。

解释说明如何通过使用现代工具创建一个增长平台来促进收购活动的实施，实现更灵活的生活方式，以及防止客户考虑向后整合。将数字化变革定义为增长机遇，而不是生存策略。

5.7.1.2 落到实处

关注外部力量，例如引领两大趋势——能源转型和数字化转型的必要性。把此类变革定位为保护公司来之不易的市场地位。引入遗留资产改造的概念，让这些资产能够达到与优质资产相同的绩效。关注真正对日常工作有影响的流程一体化和工具标准化活动。

分享公司在竞争激烈的资本市场中残酷事实。利用领导层发生变动或进行收购的机会，发起与这些残酷事实相关的数字化推动活动。

5.7.1.3 着眼于未来

在承认过去成就的同时（公司过去获得的成功中有员工的功劳），要将叙事的重点放在未来。将数字战略融入公司战略中（世界在不断发生着变化，我们必须做出改变；一切都在"进行数字化"，我们也必须如此）。清晰地表述对未来劳动力、工作流程和商业模式的愿景。描绘出"未来的操作员"，即使不在现场作业，也能实现绩效最大化的景象。精确地阐述涵盖远程操作、自主操作和数字化操作的新型操作模式。

5.7.1.4 以员工为中心

将数字创新定位为：帮助员工从更适合机器完成的任务中解脱出来，让员工专注于只有人类才能胜任的工作。让员工了解，他们需要做的更多是故障解决方面的问题，而不是制订工作计划，从而消除他们害怕被数字技术取代的心理。

让员工想象自己在其他行业的公司工作，询问新公司的老板会希望进行哪些变革。

5.7.1.5 建立关联

将叙事与公司正在建立的文化规范相关联。将数字战略与企业战略（或业务部门战略或职能战略）相关联。

构建"新井"（或钻机或资产）愿景，整合可能的创新活动，以大幅加快交付速度、降低运营成本、提高利用率、减少环境足迹、降低弃置责任，并最大限度地减少废物副产品。

5.7.2 形成治理结构

数字变革计划需要各种结构和机制来促进其执行。公司应如何对数字计划的执行进行管理？

5.7.2.1 领导负责制

建立数字指导委员会，成员包括首席执行官、总裁、数字化工作主管领导（或其他相关组织，如业务、销售和数字部门的负责人）。创建数字领导团队（例如，由首席信息官和首席运营官组成），以实现对技术和各专业领域的正确平衡。

将数字责任赋予执行委员会。促进董事会层面就数字变革及其对公司和行业的影响问题加强对话。

让各个业务部门的经理负责推动所在部门的数字化创新工作（将数字创新工作纳入部门工作计划中，定期询问各部门是否按计划实施，对取得成功的部门加以奖励，出现问题的进行处罚）。

5.7.2.2 在全公司范围内实现联动

让首席技术官与业务部门负责数字业务的副总裁建立联系（虚线关系），建立操作技术委员会，由公司内（包括现场）两名精通数据的非主管人员组成，帮助促进统一实施。

5.7.2.3 精心组织，剑指成功

将数字、信息技术和操作技术方面的责任从首席财务官转移给其他执行层领导。由一个领导统一负责所有相关工作以防各项工作之间发生冲突。所有数字业务的领导人员由运营领导（总监级别）主管。创建专业的或卓越数字中心。创建一个创新中心，为其分配实验预算，设定较低业务目标和较高的风险承受能力。

建立一个由数据科学家、信息技术（软件、架构师和数据湖）和业务专业人员（学科专家）组成的联合同地协作团队，合作开展数字工作。

5.7.2.4 获得资助

获得首席执行官对数字变革的持续且坚定的支持，努力持续强化数字变革。为数字执行发起人创造时间来参加数字实验，以向其持续施加压力，促进问题的解决和保留旺盛的精力。展示高层主管对数字变革的坚定支持，以增强人们的预期，即采用数字技术是前进的方向。给予数字项目实验人员充分的行政支持，即使项目失败也不会在年终受到考评或影响年终奖励。

5.7.2.5 采用精益管理流程

制订变革指导计划，并附上差异化品牌标签。将计划划分为不同的主题和流程，包括内部关注的变更和外部的变化（针对客户、供应商和其他利益相关者）。为数字实验留出预算，分成资金预算和经营预算两部分，由一名执行发起人负责管理。将数字工作根据成熟度划分为边缘性（或实验原型）、涌现性（概念得到了可靠的证明）和企业性（扩大规模）三种。目标是将数字化变革转化为生产，而不必考虑扩大规模的问题，使试验不会受到规模问题的影响。

成立战略办公室，协调战略行动（包括数字创新和实验）。定义创新的边界，加大对企业架构和工具的限制，放松对试验用特定项目工具的控制。

与现场人员建立良好的合作关系，减少变革的阻力。赋予现场作业人员进行数据捕获的职责，并授予其根据数据信息采取相关行动的权力。

5.7.2.6 创建签名数字事件

每周召开敏捷例会。参会人员既包括专注于数字或技术转型团队业务的财务专业人员（专注于成本、ROI等），也包括销售和市场业务的专业人员（专注于客户和市场接受度）。

为高管团队引入敏捷技术，例如举行敏捷开发风格的会议。

对数字变革方面取得的胜利举行庆祝活动，加强对数字变革之旅的承诺。

5.7.3 汇报取得的进展和成果

许多利益相关者都会对公司取得的成就感兴趣。应该如何就公司取得的进展和成果进行说明？

5.7.3.1 选择正确的内容

就整个数字计划的目标和愿景制作一个演示文档，并专门组织召开说明会，向内部人员进行演示，出席的人员越多越好。随着时间的推移，不要将数字化作为一项特殊的事宜进行过分强调，而是要鼓励在公司所做的一切工作都实现数字化。让人们了解为什么数字化是有用的，而不仅仅是知道所取得的结果。

5.7.3.2 找到代言人

瞄准团队中那些鼓励其他人进行尝试和创新方面具有影响力的关键人物。让首席执行官或其他执行发起人偶尔谈论一下在数字工作方面取得的成功。

5.7.3.3 采取各种灵活的形式

定期发布数字技术进步方面的最新消息，并根据受众的不同，调整相应的内容。每季度向执行团队和全体员工报告数字实验结果。举行现场高管谈话会议。举办全公司公开论坛，讨论解决方案和想法、展示创新理念并进行技术演示。每年举行一次开放麦会议（参会人员为8人），鼓励进行开诚布公的讨论。

经常举办各种内部网络研讨会或会议，展示各种技术、解决方案、先驱、成功和失败情况。定期组织所有员工都参加的数字市政厅通报会，将数字成果或解决方案作为会议的主题。

5.7.3.4 充分利用技术资源

利用Yammer和Slack等现有的公司服务，通过多种渠道通报变革议程。利用公司内网发布数字创新方面的报道。使用LinkedIn和其他相关的大众社交平台发布数字方面的报道和文章。在公司内部通讯中单独创建一个数字专栏。

创建区域性虚拟论坛，尽量让更多的员工加入论坛，互相学习促进。创建专业驱动性（如工程、金融和供应链）虚拟论坛，让员工相互学习。

利用各种机制让所有工人都能够加入论坛中（例如，一些操作人员可能不允许在工作时携带使用相关设备）。

5.7.4　瞄准机遇

对于数字创新在传统业务中的应用来说，获得的机遇要比预算多得多。应该如何瞄准这些机遇？

5.7.4.1　为成功做准备

作为分析各个领域或数字创新机会的先驱者，首先要对流程进行持续改进。数字投资要受制于一些可衡量的影响，例如降低成本、增加收入和达到合规性。将数字创新的重点放在公司所面临的问题上，而不是要实现特定的目标（如增长或成本）。

编制一份简单的预算申请表，在这个一页纸的申请表上用30个字描述出项目情况和所需预算额度上限。按部门、产品线或业务线任命机会经理，以发现适当机会和待解决的最高价值业务问题。选择一些大型的、企业级的数字变革活动，辅之一系列能够快速且稳定地释放价值的较小变革，以强调数字化需要一定的过程才能实现。

建立创新中心，征求员工的数字创意。以双倍的成本和一半的收益对数字项目进行压力测试，并放弃那些测试结果较差的项目。确定所有数字举措对营收的真正影响（无论影响程度有多么小），并将结果纳入月度绩效和员工奖金核算中。编制一份详细的支出路线图文件（3~4年），并与董事会一起对其进行审查。

5.7.4.2　保持良好的发展势头

力争在决策、开发、测试和交付的时间这几个方面都加快进度。在供应链中寻找那些志同道合、愿意试行合作的商业伙伴。舍弃那些不负责任的合作伙伴。利用各种事件（如疫情）推动变革。

鼓励员工倾听客户群和生态系统的各种意见，并从中寻找机会。与客户、主要供应商和技术公司建立直接的联系，共同探讨数字创新方面的机会。对客户实施基于商品价格的收入共享模式。

5.7.5 开发数字能力

由于数字化应用不仅仅是一个目标，而是一个持续的过程，因此需要不断增加新的技能。那么应该如何开发新的数字能力呢？

5.7.5.1 制订指导原则

软件人才从哪里来、住在哪里，这些地理位置无关紧要。向 IT 团队学习敏捷的工作方式，即他们所称的开发运维（DevOps）。

开发业务流程管理技能（建模、改进、简化）。不管进行哪种数字创新，都要先制订流程。通过供应商的帮助，加强对其他公司执行类似流程方式的了解。

评出中层管理人员中推动变革的优秀领导，以及优秀监督员（一线），以激励其他人进行变革。采取"解释和培训"活动，向员工解释为什么变革会带来价值，并就新的工具和技术进行广泛的培训。

5.7.5.2 采用领先的实践

对公司的数据成熟度进行评估，了解公司的相关发展水平。跟踪对公司具有重要性的数据元素（生产量），以了解整个组织对数据变革的认知程度。

实施数字扫盲计划，并通过纳入一个带有奖章和认证的数字护照来实现游戏化。对各级部门进行数字扫盲，帮助人们在迈向数字化的征程中不会掉队。为关键的基础工具培训投入资金，例如通过观看录像、提供午餐等方式鼓励员工学习 SharePoint 和 Teams 等。

充分利用虚拟视频通话能力创建虚拟培训能力。每周组织多次小型、简短（30 分钟）的学习活动，教授数字基础知识。提供数字化软技能方面的发展培训（模糊容忍度、变革管理、领导力），培养更具适应力的员工队伍。组织召开展示数字创新成果的内部虚拟会议和网络研讨会，并尽可能多地让人参与其中。

应用敏捷方法进行数字创新。将该方法用于不需要获得精确结果的快速创新活动中。

5.7.6 整合不断出现的新技能

随着时间的推移，在数字变革工作进行的过程中，将会浮现出一些需要增加的新技能。如何对这些技能进行整合？

5.7.6.1 调整人员筛选标准

对于新员工，除了需要具有数字技能外，还要拥有好奇心和适应能力。要寻找那些以双赢而不是非赢即输的方式思考的人。作为一个有机增长型公司，要根据所需的数字技能（传感器知识）确定收购目标。改变对一线主管的招聘标准，把重点放在领导能力方面，因为数字技术的进步对行政工作的需求会越来越少。

吸引拥有数据集成技能的人员，将不同来源的数据提取出来后用于分析试点。

5.7.6.2 改变人才获取方式

对于新领域（云技术、网络、区块链）进行外包或获得外界的帮助，而不是试图在内部进行专业知识的开发。通过订阅的方式利用外部专家监控网络安全。

5.7.6.3 针对性培养人才

为新的数字工具（例如 Teams、SharePoint 和 SpotFire）建立实践社区。建立物联网、云应用、网络、区块链等方面的技术能力社区。

针对一线主管开展数字化意识培训，因为这些人员的职能在流程上可能因数字化的原因而发生了重大变化。通过将数字创新活动纳入工作期望中，创造在职学习的机会。

与了解如何进行敏捷管理的供应商合作，并在公司内部的项目中复制相关的实践；邀请外部供应商来培训工人；教授使用个人数据（如信用卡数据）的方法。通过以上方式培养精通新型数字工具集的公民数字分析师。

5.7.6.4 培养新技能

学习如何销售数据，包括从定价、营销、推销到获取价值的整个过程。与面向客户的一线员工合作，找出市场中那些可能的数字解决方案和定价模式存在的漏洞。

把预算的重点从应用程序逐渐转到数据方面。在公司内部培养员工的数据分析技能，因为这种技能在全球范围内都很紧俏，而且对分析的需求是无限的。发现数据交付技能（分析、商业智能、机器学习）的瓶颈问题。

识别那些能够利用自身的专业技能（熟悉内部系统、程序逻辑控制系统和 DCS），把工厂的机械和 ERP 数据源与新的数据湖连接起来的员工。

用新的无代码和低代码工具装备公司的员工队伍。

5.7.7 充分利用新的生态系统

在大多数城市中心,都存在着一个由数字创新者及其支持者组成的生机勃勃的生态系统。应该如何利用由公司的供应商、客户和其他利益相关者组成的生态系统呢?

5.7.7.1 扩大规模

拓宽生态系统,将更多的技术公司和合作伙伴、高等院校、研发机构、孵化器和加速器纳入其中。拓宽生态系统,将那些专门从事 ESG、环境和排放业务的公司囊括在内。

与高等院校进行合作,开展创新等抽象主题方面的教育课程。利用社区的资源进行在线和虚拟培训,而不是现场培训。

5.7.7.2 改变与供应商的关系

修正那些禁止或限制与供应商在创新活动方面进行合作的采购规则。学会与小型科技公司合作。积极与小公司合作(共同撰写白皮书),帮助这些公司运作。

5.7.7.3 改变与客户的关系

与客户建立友好的关系,以便能够实现双赢、能够更公平地进行价值分配和分担更多的风险。建立激励机制,鼓励客户按照公司希望的模式行事。

创建联合实验室,与客户一起进行构思、执行设计理念、培养好奇心以及实施创新活动。与关联但非竞争性公司(如客户和国际同行)共同建立创新共享联盟。

5.7.8 有的放矢

从适度的变更开始,可以逐渐培养一种能够执行规模更大、跨度更长的变革的能力。应该如何有目的地执行呢?

5.7.8.1 快速取得成功

淘汰公司手动的内部流程,以表明公司对业务转型的认真态度。对于那些因收购活动而引入的手动流程进行修正。精心设计合同,确保能够访问工具生成的数据。数字项目启动之前要知道如何对其进行评估。

5.7.8.2 利用云环境

把所有数据（包括SCADA）都放到云环境中，因为数据必须是可访问的，才能为机器学习和人工智能的未来做好准备。对来自各种应用程序（生产数据、财务数据）的数据集进行虚拟化，使其更具预测性。

5.7.8.3 统一数据引擎

转向单一的SCADA标准。专注于提高数据质量，这样，就可以将可访问的数据可靠地用于自动化决策。调动各种来源（历史数据库、流体生命原油分析）的数据，以加快分析和试点项目的进度。

5.7.8.4 将ESG与数字挂钩

ESG的报告仅能以数字化的形式进行，以提高相关的兴趣和使用。通过数字解决方案了解碳税对客户的影响。

5.7.8.5 增加趣味性

举办应用程序发布派对，对关键的应用程序进行群下载后，再通过趣味横生的会议来教员工如何进行使用。对工作重新进行构建，确保在任何地方都可以充分利用该项工作。

5.7.8.6 提高经济性

将数字成果与奖金计划相挂钩，提高对数字影响的关注度并激励更多地采用数字技术。剥离易于转化为生产的内部创新业务。

▶ 5.8 关键结论

数字化的实施需要各方之间进行接触沟通。各公司的领导者会通过精心制订全面的变革计划来推动数字化议程。以下是在本次行业进行调查后获得的一些经验教训：

（1）在全球各地，整个油气价值链中的公司都在积极地重新定位自身的业务，面对更加数字化的未来，我们只能勇往直前。

（2）数字创新不仅仅是公司总部在推进，也在影响着运营部门以及客户和供应商。

（3）能源转型和数字化转型为从事油气行业的现有企业带来了前所未有的机遇。

（4）事实证明，新冠疫情的爆发意外地促进了数字创新技术的应用。

（5）变革的实现不是一蹴而就的，在推进变革的过程中需要付出艰苦、不懈和旷日持久的努力。

（6）整个组织（而不仅仅是早期尝试者和数字标兵）都应参与到数字变革中，这是成功的关键所在。

（7）变革在很大程度上需要由公司高层进行引领，指导委员会和领导团队要直接向首席执行官汇报。

参 考 文 献

［1］"McCoy Global Inc. Announces Strategic Asset Acquisition of 3PS Inc.," McCoy Global, January 4, 2017, mccoyglobal.com/news/mccoy-global-inc-announces-strategic-asset-acquisition-of-3ps-inc.

［2］Bruce McCain, "The Facts Behind Oil's Price Collapse," *Forbes*, February 9, 2015, forbes.com/sites/brucemccain/2015/02/09/the-facts-behind-oils-price-collapse.

［3］"Encana Reaches Agreement to Sell Bighorn Assets to Jupiter Resources for Approximately US$1.8 Billion," Intrado Newswire, June 27, 2014, globenewswire.com/news-release/2014/06/27/1023740/0/en/Encana-Reaches-Agreement-to-Sell-Bighorn-Assets-to-Jupiter-Resources-for-Approximately-US-1-8-Billion.html; Tourmaline Oil, "Tourmaline Completes Strategic Acquisition of Jupiter," Cision, December 18, 2020, newswire.ca/news-releases/tourmaline-completesstrategic-acquisition-of-jupiter-892628606.html.

［4］"Natural Gas Prices—Historical Chart," Macrotrends, accessed June 29, 2021, macrotrends.net/2478/natural-gas-prices-historical-chart.

［5］"Ovintiv Inc 2019 Annual Report," Ovintiv, February 21, 2020, filecache.investorroom.com/mr5ircnw_encana/871/download/2019-annual-report.pdf; "Ovintiv: Number of Employees 2006–2021," Macrotrends, 2021, macrotrends:net/stocks/charts/OVV/ovintiv/number-of-employees.

［6］"Brookfield Infrastructure to Acquire Western Canadian Midstream Business," Brookfield, July 4, 2018, bip.brookfield.com/press-releases/bip/brookfield-infrastructure-acquire-western-canadian-midstream-business.

［7］"Why Choose Shell Retail," Shell, 2021, shell.com/business-customers/shellretail-licensing/about-shell-retail.html.

［8］"Oil and Gas Disruption from Hurricanes Katrina and Rita," *CRS Report for Congress*, April 6, 2006, 14, everycrsreport.com/files/20060406_RL33124_c85587d5b537742f448395fdfea60a3fad64ae67.pdf.

后　记

棒球是我童年时的一项娱乐活动。父亲送给我和哥哥一套超级棒的古老的棒球手套。那时候看来，它们真的是应该进博物馆的那种物件。父亲教我们如何投球、接球以及击球，最终我还真的开始了一段短暂的职业生涯——在离家不远的地方打沙地球。我是一个很好的击球手，我喜欢投球和接球，因为这两个位置在比赛中是最活跃的。我们的比赛常常会因为大雾的原因而被延迟，有时候雾气实在是太浓了，接球手根本看不到本垒板，无法知道球是否飞来。

在棒球比赛中，即使你的球队落后了，也总有机会赶上来。随着比赛的进行，对方投手精力减退，击球手活跃起来，一场拉力赛就会开始，计分板上的分数开始变化起来。

我不确定数字世界是否也是这样。

在一些数字创新模式（出租车、零售业、新闻媒体和娱乐业）开始出现后，世界上到处都充斥着那些自认为可以迎头赶上的公司。只有规模庞大、拥有丰厚的资源和高营业额的机构，看起来才有可能杀入中间回合并得以幸存。沃尔玛就是一个很好的例子——他们等了很长时间才赶上亚马逊的在线模式，并存活了下来。其他零售商店的情况如何呢？恐怕结局并不乐观。

2019年5月，一位会议组织者跟我聊起他近期去一个石油城旅游时的发现。他当时正在考虑在这个石油城的中心地区召开一次数字转型方面的会议，但反响寥寥。他向许多大公司提出要求召开数字转型会议的建议，但却被礼貌性地告知，油气行业"已经实现了数字化"。"数字转型"的游戏已经结束了。

当时，油气行业的某些方面确实是实现了高度数字化。但在2020年初石油市场崩盘、再加上之后两年的新冠肺炎疫情大爆发、有记录以来最严重的全球经济衰退以及油气行业向远程工作转变之后，油气行业被迫承认，数字转型不但没有结束，而是刚刚开始。

幸运的是，现在开始数字化转型不算晚。尽管各国政府承诺到2050年逐步淘汰烃类燃料、消费者调整了对其他能源的需求偏好、资本市场也迫使油气行业做出改变，但仍然有数十亿台发动机需要使用燃料，亿万家庭需要取暖，诸多产业需要化学品供应。数字技术可以帮助油气行业在未来多年的时间里成为有史以来最赚钱、最清洁、最安全的行业，让个人、公司、国家以及整个世界都从中受益。

为了赢得数字转型的胜利，油气行业领导团队必须志在必胜，而不是简单地退而求其次。其他行业已经认识到，在数字领域，赢者会带走一切，不给第二名留下任何余地。

只有出现了以下5个迹象我才会相信，油气行业已经完全数字化，我们已经进入决胜局：

（1）一切都实现了数字化。一切可以数字化的都将被数字化。在石油和天然气行业，所谓的一切既包括生产的产品、使用的工具和设备、租赁设备、服务、数据、车辆，也包括工人甚至是岩石。数字技术的成本正迅速下降至很低的水平，成本已经不再是影响技术应用的障碍。

（2）工作被重构。油气公司将在设计工作时实现自动化，然后再人工优化。如今，油气行业仍以人工审计工作，并通过使用技术工具（笔记本电脑、平板电脑、手机）来辅助完成。真正的工业数字化是指，为机器人或人工智能设计工作，人的角色是提高机器人的工作效率。我们可以看到该模式是如何彻底地改变制造业的。油气行业的招聘信息反应出目前的各项工作仍然是以人为核心。

（3）数字技术达到临界规模。领先的数字技术在油气行业的渗透率达到50%或更高。这意味着超过一半的油气公司都在实施数字技术。"实施"不是指进行"试点"或"在测试中"，而是指在业务中的全面部署。要实现数字化，云计算、机器人技术、区块链、虚拟现实和物联网等关键数字技术必须在油气行业得到广泛的部署。

（4）存在真正意义的数字石油公司。油气公司将标榜自己为"数字化"公司。硬资产行业一直认为自己不受数字创新的影响，但最近的事实表明，这是错误的。实体零售、银行、移动、交通、酒店和印刷等行业曾经采用将股东资本转化为硬资产,并在商业模式中应用,而现在,这些行业都有一个数字市场的领导者,负责在该领域竞争,但其资产负债表与其他公司各不相同。

(5)油气行业被重新定义。就像曾经经历过的那样,该行业将被重新定义为技术最先进的行业之一。自2010年发生"深水浩劫"事件以来,石油行业在过去的10年中一直处于保守势态。油气行业将技术领先地位拱手让给其他行业(数字公司、银行和电信),有关油气的描述都是围绕安全、环保、合规性和可持续性展开。可持续性确实非常重要,但从本质上来说它是一种防御性状态,而且油气行业无论如何也没有办法将对环境的影响降至零(燃烧终会产生无法解决的环境影响)。

油气行业要实现数字化还有很长的路要走。油气行业也不会很快走向夕阳。对于年轻人和科技创业者来说,在这个行业中寻找并创造财富的机会仍然很多。博弈才刚刚开始。

致　　谢

首先，我们要向所有为本书的构思和成书过程付出心血的人士表示由衷的感谢。没有他们的贡献，这本重要的著作就不可能问世。

特别要感谢全球油气行业的朋友们，他们不仅慷慨地贡献了自己的时间，还争取到了所在机构的支持，为本书提供了宝贵的案例研究。在此，我们要特别感谢：肖恩·艾伦（Shawn Allan）、科里·伯格（Cory Bergh）、杰伊·比利斯伯格（Jay Billesberger）、马修·布朗（Matthew Brown）、丹尼尔·卡代特（Daniel Cadete）、帕特里克·艾略特（Patrick Elliott）、凯文·弗兰科夫斯基（Kevin Frankowski）、凯文·黑德（Kevin Head）、阿扎德·赫萨莫迪尼（Azad Hessamodini）、娜奈特·霍－科弗顿（Nanette Ho-Covernton）、道格·利德尔（Doug Liddell）、纳塔莉娅·阿尔瓦雷斯·利埃巴纳（Natalia Alvarez Liebana）、托马斯·马兰戈（Tomas Malango）、沃伦·米切尔（Warren Mitchell）、约翰·皮莱博士（Dr. John Pillay）、吉姆·拉基维奇（Jim Rakievich）、海莉·萨顿（Hayley Sutton）、内森·惠特科姆（Nathan Whitcombe）、希瑟·威尔科特（Heather Wilcott）和马修·伍斯里奇（Matthew Wuthrich）。

此外，非常荣幸能够再次与 Page Two 出版社的优秀团队合作。他们的专业水准给我们留下了深刻的印象。在此，要特别感谢特雷娜·怀特（Trena White）、罗尼·加农（Rony Ganon）、彼得·科金（Peter Cocking）、莱斯利·埃里克森（Lesley Erickson）、雷切尔·艾恩斯通（Rachel Ironstone）、泰西娅·路易（Taysia Louie）、卡梅伦·麦凯格（Cameron McKague）、洛琳·图尔（Lorraine Toor）和斯蒂芬·范德默伦（Steph VanderMeulen）。他们的辛勤工作为本书的最终呈现做出了巨大贡献。

附录　访谈大纲

为了确保在整个案例研究中保持一致性，访谈的过程中，对于那些与加速数字创新相关的关键领域，都是按照详细的访谈大纲来进行的。

（1）叙事方式是公司用来解释为什么要进行变革的叙述性说明。

（2）管理方法是公司用于进行决策和监督的方法。

（3）目标选择是指公司如何确定需要进行变革的特定领域。

（4）对员工的支持涉及帮助员工克服变革的阻力。

（5）结果是能够使叙事得到强化，并实施更多更快的变革的叙述性说明。

（6）生态系统的作用在于审视公司如何充分利用其他机构（例如初创公司和大学）。

（7）投资是为了帮助提高业绩而专门用于创建专用设施或基金的大型资本支出。

（8）挑战与阻碍行业进一步变革的常见障碍有关，如对网络安全的担忧和资本市场的压力。

采用的叙事方式：

（1）贵公司是如何向员工、利益相关者和供应商解释说明想要进行的变革的？

（2）贵公司踏上数字变革之旅的主要驱动力是什么？是生存、增长、品牌定位、竞争压力、人才的吸引力、文化、气候变化、创新、资本市场，还是以上所有方面？

（3）叙事的变化是否取决于贵公司对各业务部门的重视程度？例如，上游和零售部门是否存在差异？

（4）是否清晰地描述过公司在更加数字化的未来中的发展方向？

贵公司的治理方法：

（1）贵公司是如何组织变革决策制订工作的？是通过数字委员会、专责小组还是突击队？

（2）贵公司是如何组织转型工作的？是由专门的企业领导负责，还是分散到各个业务部门？是由服务领导者（首席信息官、首席财务官）还是首席数字官负责？

（3）企业采用的组织方法是否随着工作成熟度的增加而改变？

（4）贵公司是否引入了技术支持团队（如提供 ERP 支持的信息技术团队和提供 SCADA 支持的操作技术团队）？

如何确定机会：

（1）哪些类型的业务问题被确定为数字化驱动变革的目标？

（2）变革目标是否偏重于收入增长、成本降低、资产生产率？还是或多或少进行一些平衡？

（3）贵公司是否推出了对现有行业和服务有重大影响的新的创造性商业模式？

（4）客户、员工和供应商在构建数字化机会中扮演什么角色？

对公司员工的支持：

（1）贵公司在支持数字化变革的管理方面进行了哪些投资？

（2）哪些新技能对未来有价值？

（3）如何向员工宣传贵公司的数字化之旅？采用的是什么机制、传达的是什么信息？

（4）培训在让员工为未来做好准备方面起到什么作用？

（5）贵公司是否改变过工作方式（例如采用敏捷管理）？

（6）在数字化过程中，一线员工的角色是什么？是团队领导者还是监督者？

强调的结果：

（1）贵公司认为哪些成功可以传达想要达到的目标？

（2）是否有比其他技术更相关的特定技术？是人工智能、云计算、数字孪生、区块链吗、工业物联网还是增强现实吗？

（3）贵公司对将数据作为一种资产的看法是如何改变的？

（4）数字化之旅在进展节奏和时间上有什么变化？

生态系统的作用：

（1）贵公司的合作者、合作伙伴和供应商生态系统在支持数字化之旅过程中发生了怎样的变化？

（2）政府的支持在帮助实现转型的过程中起到了什么作用（如果有的话）？

贵公司所做的投资情况：

（1）贵公司是否在数字化领域进行过战略投资？

（2）贵公司是否设立投资基金？

（3）贵公司是否与加速器或创新实验室进行过合作？

贵公司面临的挑战：

（1）疫情对贵公司的数字变革之旅有何影响？

（2）商品市场对贵公司的数字变革之旅有何影响？

（3）贵公司在数字变革方面的工作是如何与环境和可持续发展目标挂钩的或如何支持这些目标的实现？

（4）哪些外部因素阻碍了变革的进展？电信网络覆盖是否存在问题？

（5）贵公司如何处理网络问题和压力？

（6）贵公司如何处理道德问题以及相关的考虑因素？

术 语 表

2D：二维。

3D：三维。

3D打印：通过逐层堆积材料来制造物体的制造过程，也被称为增材制造。

敏捷：以开发周期快、迭代设计、多学科团队和最小化可行解决方案为特点的一种工作方法。

AI：人工智能。

API：应用程序编程接口；可使应用程序间相互通信并交换数据、分析和指令的可重用软件代码。

App：软件应用程序。

ASCⅡ：美国信息交换标准码。

自动化：取代人工劳动的机器。

自主性：在很大程度上不需要人员监督就可以自行操作的机器。

桶：原油的体积单位，等于42美制加仑。

B2B：企业对企业。

抽油机：将油气输送到地面的泵，也被称作铁马。

沥青：又稠又黏的一种原油。

黑天鹅事件：罕见、不可预测的情况。

区块链：不可变记录的数据库技术，存储在去中心化的服务器上。

boe：桶油当量；一种能量单位，基于燃烧一桶原油所释放的近似能量。用于将原油和天然气的能源价值合并为一个单一的衡量标准。

bot：机器人的简称；使用机器人过程自动化技术实现业务过程自动化的结果。

棕地：通常在运营过程中的现有资产或设施，若进行变更不但费时又费钱。

总线：计算机内部传输数据的通信系统。

商业模式：为企业成功运营而设计的模式，内容包括收入来源、客户描述、产品供应以及融资安排。

CAPEX：资本支出的缩写；在资产负债表上体现为资产。

资本：从市场（股票市场、债券市场、私募股权）获取并转换成其他商业经营资产的资金。

资本执行：在资产和建设上投入资本。

碳：大气中的人为二氧化碳和甲烷排放累积量的简写。

碳中和：排放的碳和从大气中去除的碳之间的平衡。

催化剂：阻碍、促进或加速化学反应进行的化学物质。催化剂在石油炼制行业被广泛使用。

变革阻力：人类愿意维持现状而不愿做出改变的一种倾向。

云：通过互联网连接提供的数据存储和计算机处理服务。

煤系：地下的煤矿。要对煤系进行评价以确定其是否具有产气的潜力，或者是否埋藏太深而无法开采，或者由于规模太小或产量不足而不值得开采。

压缩站：对天然气进行处理压缩到带压容器或管道的设施。

计算负载：操作所需的计算机处理能力。

CRM：客户关系管理系统；用于帮助管理公司与其客户之间的业务接口的企业系统。

Crypto：加密货币的缩写；一种非主权的价值储存手段，如比特币。

赛博：与计算机相关的；也可以替代含有 cyber 的单词，如网络攻击和网络安全和 cyber – cybersecurity。

暗网：通过特殊的浏览软件与之相连的电脑和服务器网络；通常用于非法活动，如存放盗取的数据或进行非法贸易或物品交易。

数据湖：供组织内部共同使用的一个超大的数据集存储库。

数据集市：大量文档和文件的集合。

DCS：分散控制系统；在地理位置上靠近经营资产的计算机系统。

开发运维：通过实践和工具的结合，使公司能够非常快速地开发软件产品。

数字原生代：一生中大部分时间都生活在数字技术环境中的人；千禧一代及其之后出生的人。

数字孪生：虚拟或软件版的实体资产、整个工厂或完整价值链。

碳、资本和云

井下：指油气井的内部。测量井底情况的仪器被称作井下工具。

下游：指油气炼制产品的分销、批发和零售业务。

哑金属：未使用数字技术的机械设备。

无人驾驶飞机：一种无人驾驶交通工具，可在最低限度的人力监督下进行作业。

边缘计算：在机器、工具、井和许多其他资产上使用的小型独立计算机，能够提供一定程度的自动化操作。

边缘设备：作为企业访问入口的传感器、控制器或网络接入点。

EPC：工程设计采购施工；通常是指提供这些服务的工程公司。

ERP：企业资源规划；一种可以使各种通用业务功能和过程实现自动化的综合计算机软件。

ESG：环境、社会和治理；提供超越盈利能力和股东价值的绩效目标和指标的管理体系。

EV：由电动机而非内燃机提供动力的电动汽车。

制造：按照设计制造一件独特的设备或部件的业务过程。

FEED：前端工程与设计。

光纤：由细玻璃丝制成的通信电缆。

Fracking：压裂的简写；指在高压下将液体和沙子的混合物注入岩层，使岩层开裂（或破裂），释放出被封存的油气。

压裂分布：在压裂过程中使用的泵送设备。

全栈：计算机系统的前端（用户界面）和后端（数据库、服务器、网络）的组合。

可替换性：一种商品或资产与其他同类商品或资产进行交换的能力。

天然气加工厂：通过去除天然气中的污染物或不必要的成分（如水和二氧化碳）来处理天然气的设施。

集输管道：将天然气从井口输送到集气设施（如压缩站或天然气加工厂）的小直径埋地管道。

G&A：综合管理费。

GHG：温室气体；通常包括二氧化碳（CO_2）或甲烷（CH_4）。

治理：制订决策和执行监督的机制、结构和组织。

GPS：全球定位系统；提供全球精确物理位置的卫星服务。

灰色能源：从化石燃料中提取的能源，包括煤炭、石油和天然气。

绿色能源：可再生能源（太阳能、风能、潮汐运动、流动的河流）。

绿地：仅作为设计或概念存在的资产或设施，其设计仍然具有一定的灵活性且容易更改。

重型搬运车：露天矿山使用的大型自卸卡车。

历史数据库：由数据采集与监控系统（SCADA）收集的时间序列信息的数据存储库。

热点：智能手机上的一种网络服务，手机可以通过该服务创建一个可共享的互联网接入点。

HS2：2号高速铁路；英国的一个现代高速铁路项目。

水力压裂：向岩层中注入液体（水或化学物质），以使更多的油气流向地表的技术。

INSEAD：欧洲工商管理学院；位于法国枫丹白露的一所顶尖商学院。

IoT：物联网；直接连接到互联网的传感器，其数量将大大超过手机、平板电脑和其他设备（网站互联网）。

IP：知识产权。

IROC：综合性远程操作中心；管理多个远程设施的控制室。

IT：信息技术；指商业计算机技术系统，如企业资源规划（ERP）、生产力软件、电子邮件、网络安全和帮助台服务。

JOA：联合经营协议；油气生产相关各方之间签订的合同，规定了各方的权利、义务和商业条款。

KPI：关键绩效指标。

精益：对流程持续进行改进，以实现零浪费、零缺陷的做法。

线性基础设施：网络资产，如管道或电信网络。

LNG：液化天然气；将天然气冷却到 −162℃使其变成液体，液化后的天然气所占空间仅为气体所需空间的 1/600。

机器学习：通过使用算法和统计模型来分析和推断数据模式的一种计算机系

统，可以在没有明确指令或变化的情况下进行学习和调整。

梅特卡夫定律：以罗伯特·梅特卡夫（Robert Metcalfe）的名字命名的经验定律，该定律指出，网络的价值与该网络上的节点的数量有关。

Microapp：针对特定技术的小型专有应用程序。

中游：指油气行业中的运输和炼油部门。

MOC：变更的管理，在工业过程中谨慎地引入机械变更的工程过程。

模块化：在类似工厂的环境中，用一个个较小的部分或模块来建造大型设施的一种建造技术。

盈利：从某物中获得收益的技术；将数据货币化意味着对数据集的访问或复制进行收费。

蒙特尼：横跨不列颠哥伦比亚省北部和艾伯塔省交界地区的富含油气的地质层。

摩尔定律：以戈登·摩尔（Gordon Moore）命名的经验定律，该定律指出，微芯片上的晶体管数量每两年翻一番，而计算机的成本则下降50%。

NLP：自然语言处理；对人类语言进行翻译的计算机技术。

海上的：在海上进行的油气作业。在国际和国内开展的工作。

油砂：一种以致密油（或沥青）分子与砂混合而成的油气沉积物。对于靠近地表的油砂，可以像采矿一样进行开采。

O&M：操作和维护。

OPEX：运营支出；运营成本反映在损益表上。

OSDU：开放地下数据空间论坛，一个发布数据开源标准的论坛。

OT：操作技术，包括数据采集与监控系统（SCADA）、过程逻辑控制器（PLC）和分散控制系统（DCS）。

二叠纪盆地：得克萨斯州的一个含油气的地质构造。

网络钓鱼：一种网络攻击方法，通过虚假链接或提供下载机会来欺骗人们提供敏感的个人信息。

PIG：管道检测仪。简单的 PIG 可以清除管道中的杂质，而智能型 PIG 则可以评估管道完整性。

PLC：过程逻辑控制器；一种控制机械设备的计算机系统。

术语表

压力容器：盛装的物料承载一定压力的容器。

QR：快速反应；二维码是日本一家汽车公司发明的一种矩阵条码，现在被广泛应用于移动设备。

R&D：研究与开发。

ROI：投入产出比；投资回报率。

食利国：通常为以商品为基础的国家，但其收入的增长并不是源于国家生产力的提高。

机器人学：研究机器人的领域。

特许权使用费：合同中向未参与实际交易的一方出售商品或服务的收入份额。

RPA：机器人过程自动化；自动按键技术。

安全时刻：商务会议的一部分，通常在会议开始时讨论一些安全事项。

SAP：SAP软件公司生产的软件产品。

SCADA：数据采集与监控系统（SCADA）；提供运行中的资产或生产过程实时信息的计算机系统。

敏捷框架：在敏捷管理方法中协调员工活动的一种技术。

地震的：与地质振动有关的，如微震或地震。

分离装置：一种烃处理设备，通常通过蒸发和蒸馏将各种有价值的化合物分离出来。

停工：在重工业中将运行中的装置（带压、高温或高功率）缓慢停掉，以进行相关维修维护活动的一种做法。

Slack：广泛应用于软件开发行业的一种基于云的协作平台。

智能：在传统的非数字事物中存在的数字能力。

智能合约：区块链数据库的一种功能，通过该功能，合约中约定的行动（如在特定日期支付）由区块链系统自动执行。

酸性油或气：含硫量高的原油或天然气。

电子欺骗：一种将恶意链接伪装成安全链接的网络攻击行为。

预制楼板安装施工：一种可以加快建筑施工速度的技术，先在预制厂内建成楼板，再在施工现场进行组装。

站立会议：为了加快会议的进度，与会者在参会期间始终站立的会议模式。

粘滞作用：磁性表面涂层劣化，致使其不可读。

天然气液化及凝液回收一体化装置：一种将天然气凝析液从天然气气流中除去的气体处理装置。

地下资料：有关地下岩层的资料。

SVP：高级副总裁。

低硫油或气：含硫量低的原油或天然气。

达摩克利斯之剑：即将到来的厄运。

照付不议：一种使用费不随数量而变化的合同模式。

远程工作：通过远程通信访问公司计算机系统而进行的工作。

技术生命周期：由尼古拉·康德拉迪耶夫（Nikolai Kondratiev）提出；描述了一项新技术从研究和开发（R&D）到达到饱和的过程。

TIBCO Spotfire：由信息总线公司（TIBCO）生产的数据可视化软件。

通证：区块链数据库中的一条记录。

标记化：使用区块链数据库中的不可变记录来记录所有权、事件或标识。

跟踪与追踪：对原材料从来源到工业加工以及到最终消费的整个过程进行监控的技术。

管状物：在整个油气行业使用的钢制中空、无缝的圆柱形钢管；管道。

大修：在重工业中使用的一种技术，通过将运行中的资产停工并改变配置，来改变产品的组合。

交钥匙：用于描述交付给客户的资产状况的一种术语，客户只需进行很少的额外工作（如果有的话）就可以使用该资产。

UAV：无人驾驶的飞行器，或无人机。

组件化：建筑组件在预制车间制造、组装，并作为一个完整的单元运送到施工场所。

上游：油气勘探和生产的简称。

USD：美元；美国的货币。

UX：用户体验。人与数字技术之间的接口。设计良好的接口易于使用，无需培训，并能带来积极的用户体验。

术语表

VAKT：一家软件公司。

虚拟化：一种创建虚拟或纯软件版实物的技术。

视觉分析：人工智能和机器学习的一个领域，该分析方法通过各种算法来对视觉传感器收集的数据进行分析、解释，并进行自动操作。

可视化：将一组信息、一个物体或一种情况制成图表或其他图像的技术。

井场：钻探油井或气井的空地。

测井：对钻孔所钻过的各种地质构造和层数的记录。

Wi-Fi：无线保真；允许移动设备彼此间或与一个区域内的互联网进行无线连接的一种机制。

Wiki：由其读者共同编辑和管理的出版物。

Yammer：微软公司的一种协同软件产品。